외국 항공사, 외국계 회사 및 대기업, 영어 토론·토의 면접 완벽 대비서

10가지 상황 대비
100가지 넘는
기본 표현

22개 상황별 맞춤
토론 시나리오

영어 토론 면접
7일 전

권성애 지음

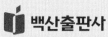
백산출판사

10가지 상황 대비 100가지 넘는 기본 표현과
22개 상황별 맞춤 토론 시나리오!

영어 토론 면접은 현재 외국 항공사, 외국계 회사 및 대기업 등에서 이루어지고 있습니다. 대부분의 사람들은 영어 토론 면접이 꼭 영어에 능통해야만 가능한 면접 전형이라고 생각합니다. 하지만 상황별 기본 표현과 기출문제에 대한 아이디어만 있다면, 보통의 지원자들도 충분한 연습을 통해서 도전해볼 만한 면접 전형입니다. 또한 여러분이 지원하는 분야가 단지 우리가 알고 있는 토론이 아닌 토론 면접 전형이라는 것을 가정해 본다면, "내 주장을 내세우고 상대방의 기를 죽이는 토론"보다 기업에서 원하는 "서로의 의견을 지지하면서 멋진 팀워크를 이뤄내는 토론"의 방법을 이 책을 통해서 알아갈 수 있을 것입니다.

실제로 영어 토론 면접에서 "어떻게 말해야 할지" 혹은 "어떻게 공부해야 할지" 아이디어가 없던 지원자들에게 기본 표현 및 토론 시나리오를 제공함으로써, 토론의 흐름과 영어로 말하는 패턴을 자연스럽게 익힐 수 있도록 도왔습니다. 또한 이 책은 혼자서 혹은 여럿이 원하는 주제의 시나리오를 암기하고 서로 평가해볼 수 있도록 구성하였습니다. **이 책으로 "영어토론면접 7일 전"에, 기출문제 정리와 예상 시나리오를 연습하면서 질문을 예측하고 토론 면접을 준비하도록 구성하였습니다.**

✓ 10가지 상황 대비 100가지 넘는 기본 표현

토론을 시작할 때 혹은 자신의 의견을 내세울 때 등의 경우에 사용할 수 있는 표현은 어떤 것들이 있을까? 처음 토론 면접을 준비하는 지원자들에게 상황의 이해도를 높이며, 쉽게 공부할 수 있도록 적용 표현도 추가하였습니다. 10가지의 상황 대비 100가지가 넘는 기본 표현을 통해서, 차근히 기본 표현을 익혀갈 수 있도록 구성하였습니다.

✓ 10가지 꼭 나오는 토론 주제 및 시나리오

최근 지속적으로 기출되었던 까다로운 토론 기출문제 10가지를 선별하여, 찬·반론을 지지하는 다양한 의견과 시나리오를 작성하여 수록하였습니다. 토론 면접을 처음 준비하는 지원자들도 한눈에 쉽게 공부할 수 있도록 개념과 의견을 정리하였으며, 실제 토론하는 듯한 시나리오를 수록하여 토론의 흐름을 단번에 알 수 있도록 정리하였습니다. 또한, TIP도 시나리오와 함께 정리하여 지원자에게 많은 도움을 주도록 구성하였습니다.

✓ 22가지 꼭 나오는 토의 주제 및 시나리오

최근 지속적으로 기출되었던 다양하고 창의적인 토의 기출문제 22가지를 선별하여, 다양한 의견과 시나리오를 작성하여 수록하였습니다. 토의 면접을 처음 준비하는 지원자들도 한눈에 쉽게 공부할 수 있도록 개념과 의견을 정리하였으며, 실제 토의하는 듯한 시나리오를 수록하여 토의의 흐름을 단번에 알 수 있도록 정리하였습니다. 또한, TIP도 시나리오와 함께 정리하여 지원자에게 많은 도움을 주도록 구성하였습니다.

✓ 기출문제 제시와 응용 가능한 문구 및 인터뷰 평가표 제공

최근 이슈가 되는 주제 및 토론 기출문제 그리고 토론 면접에 응용 가능한 문구를 수록하여, 설득력 있는 토론이 되도록 부록으로 수록하였습니다. 또한 인터뷰 평가표를 제시하여, 영어 토론 면접 시 평가 요소를 한눈에 알아볼 수 있도록 제공하고 있습니다.

✓ MP3파일 CD 제공으로 효과적인 학습 제공

100가지가 넘는 표현과 22개의 토론 시나리오를 책으로 공부하고 습득했다면, 실제 원어민의 음성을 귀로 익히면서 정확한 발음으로 학습하도록 MP3파일 CD를 제공하고 있습니다. 더불어 실제 원어민의 강세와 억양에 따라 연습하면서 자연스러운 영어 토론 면접 준비가 가능하도록 구성하였습니다.

이 책이 여러분의 꿈을 이루는 데 멋진 도구로 쓰일 수 있기를 바랍니다.

2014년 9월의 끝자락 인천에서

권성애

Part 1 Basic expression (기본표현)

Part 2 Debate (토론)

▶▶ **Agree or disagree?** 찬성 혹은 반대?

Part 3 Discussion (토의)

▶▶ **자유토론형**

영어 토론 면접을 하기 앞서 기억할
10가지 TIP

기업이 토론 면접을 실시하는 의도는 지원자의 성품이나 성향이 팀에 잘 어울리고 조화를 이룰 수 있는지를 알아보고 선별하기 위해 실시하게 됩니다. 물론, 영어 토론 면접에서는 지원자의 기본 상식과 영어실력이 매우 중요하게 들릴 지도 모릅니다. 하지만 우리 책에서 다루는 전반적인 토론 내용과 기출문제 연습을 통해 실력을 다지고, 회사에서 원하는 정해진 영어 시험 점수의 기준점만 넘으면 문제될 것이 없습니다.

또한 영어 토론 면접 시, 토론 주제는 면접관이 칠판에 써 놓거나 혹은 말로써 지원자에게 전달하게 됩니다. 토론의 참여 인원은 최소 2명 이상, 최대 20명까지도 참가하게 되며 토론시간은 15분에서 25분 가량 주어지게 됩니다. 또한 토론을 할 때는 정해진 특별한 법칙이 없으며, 누가 먼저 말해야 하는지, 어떻게 주제에 대해 진행되어야 하는지에 대한 정해진 법칙도 없습니다. 그리고 한 가지 독특한 점은, 회사마다 다르지만 어느 회사에서는 **Writer**와 **Time checker**도 선발 한다는 점입니다. **Writer**는 토론을 기록하는 임무를 가지고 있고, **Time checker**는 정해진 토론시간을 체크하는 임무를 가지고 있습니다.

이러한 이유로 토론 면접 특히 영어 토론 면접을 처음 접하게 되는 지원자에게는 이러한 면접 전형이 그저 낯설고 막막하기만 할 것입니다. 하지만, 영어 토론 면접을 하기 앞서 꼭 기억해 두어야 할 10가지를 숙지하고, 토론 면접을 준비한다면 좀 더 수월하게 영어 토론 면접을 진행할 수 있을 것입니다. 우리가 꼭 기억해야 할 **10가지 TIP**은 다음과 같습니다.

01. 상대방의 의견을 존중하며 호응하는 모습을 보여주자.

사실, 영어 면접에서는 한국식 문화에서 놓칠 수 있는 것들이 꽤 존재합니다. 그 중 하나가 상대방이 주제에 대해서 언급을 했을 때 "고개를 끄떡이며" 긍정적으로 호응을 하는 모습을 보여주는 것입니다. 또한 손은 무릎 위에 어색하게 두고 있는 것보다는, 자신의 의견을 피력할 때는 자연스럽고 긍정적인 제스처로서 의미를 효과적으로 전달하는 것도 매우 중요합니다. 본서 〈Part 1. 기본표현 중 8. 상대방의 의견에 대해서 반응할 때〉를 참고해 면접 시 사용한다면, 내가 토의에 잘 참여하고 있으며 상대방의 의견을 존중할 줄 아는 지원자임을 잘 보여줄 수 있을 것입니다.

02. 다른 지원자에게 기회를 주자.

요즘은 어딜 가나 "상대방의 배려"를 잘 하는 사람이 인기이며, 기업에서도 "배려심"이 많은 지원자를 앞다투어 채용하려는 노력이 상당합니다. 그 이유는 무엇보다도 기업은 단체생활을 하며 다양한 팀으로서 이루어 나가기 때문입니다. 만약 면접에서 특정 지원자가 발언권을 갖지 못했다면 그 지원자를 배려해서 발언권을 가질 수 있는 기회를 주는 것이 매우 중요합니다. 또한 너무 나만의 주장을 내세운다거나 말의 독점을 갖지 않도록 주의합니다. 본서 〈Part 1. 기본표현 중 9. 상대방의 의견을 묻거나 제안할 때〉를 참고하여, 내가 상대방을 배려할 줄 아는 지원자임을 잘 보여주며, 상대방도 나로 하여금 발언의 기회를 발판으로 삼고 면접관에게 좋은 인상을 줄 수 있다는 것을 명심해야 합니다.

03. 영어 토론 면접에서 중요한 것은 영어가 아니다.

영어 토론 면접에서 중요한 것은 단언컨대 영어가 아닙니다. 위에서 언급하였듯이, 영어 자체를 평가하기 위해서는 기업에서 요구하는 기본적인 영어 점수와 면접관과의 최종면접 혹은 외국인과의 대면 면접에서 최종으로 평가될 것입니다. 외국계회사나 외국항공사는 같이 일하는 동료나 대면할 고객이 외국인이 많기 때문에 토론 면접에서 사용하는 언어가 영어인 것이 당연합니다. 그러니 영어 토론에 절대 겁먹지 말고, 본서를 잘 참고하여 지속적으로 노력하고 시나리오를 연습하다 보면 나도 모르게 영어실력과 자신감이 붙게 될 것입니다. 그리고 기억하십시오. 실제 영어 토론 면접 합격자들은 다들 영어가 유창한 원어민이 아니라 우리와 비슷한 실력을 가진 그저 평범하지만 많은 노력을 한 지원자인 것을 말입니다.

04. 팀의 일원이 되자.

많은 기업은 거의 모두 팀으로 운영되며, 팀워크를 중요시 합니다. 그렇기 때문에 내 실력이 너무 뛰어나더라도 혹은 흔히 말하는 스펙이나 외모가 뛰어나더라도, 자기주장이 강하거나 자기 일만 한다거나 혹은 상대방에 대한 배려가 없는 지원자들은 기업에서 선호하지 않는 대상입니다. 팀의 일원으로서 그룹에서 잘 어울릴 수 있는 지원자의 모습과 긍정적인 팀워크를 잘 보여주도록 합니다.

05. "Thank you", "Sorry", "Please"는 "Magic word".

예비 사회인, 혹은 사회인으로서 비즈니스 매너는 매우 중요한 요소입니다. "아 다르고 어 다르다는" 옛말이 있습니다. "**Thank you**"(감사합니다), "**Sorry**"(죄송합니다), "**Please**"(부탁합니다)의 "**Magic word**"(마법의 언어)를 생활화하면서, 이후 회사를 대표할 매너 있는 지원자의 모습을 잘 그려보도록 합시다.

06. 올바른 자세와 표정 그리고 시선처리는 플러스 요소이다.

토론 면접을 볼 때의 긍정적인 자세와 표정은 플러스 요소입니다. 만약 구부정한 자세로 턱을 괴거나 따분한 표정을 면접관과 다른 면접자에게 보여준다는 것 자체가 아무리 영어를 잘 구사하고 발언의 기회를 많이 가졌더라도 분명 마이너스 요소임은 부정할 수 없습니다. 그러므로 시선은 발표자에게 두고 면접관과는 토론 도중 시선이 마주치지 않도록 유의합니다. 늘 함께 일하고 싶은 동료는 긍정적이며 여유있고 배려심 있는 지원자임을 잊지 말아야 합니다.

07. Writer(기록자)나 Time checker(시간을 체크하는 사람)를 정했을 경우, 시간을 잘 지키고 토론 시 언급된 내용을 잘 정리하자.

일반적으로 토의·토론 면접에는 정해진 시간이 있고 회사마다 다르지만, 어느 회사에서는 때에 따라서 Time checker(시간을 체크하는 사람)나 Writer(기록자)를 정해두어 토론이 매끄럽게 진행되도록 하고 있습니다. 이에 중요한 것은 본인의 임무가 Time checker라면 정해진 시간이 반 정도 흘렀을 때와 끝나기 1~3분 정도 전에 팀원들에게 시간을 다시 한번 더 알려주어 시간을 효율적으로 쓰면서 의견 정리가 효율적으로 진행될 수 있도록 하는 역할을 담당합니다. 또한 Writer는 언급된 내용을 모두 정리하여, 추후 의견을 한 번 더 언급하여 팀원들 간의 이해와 결론도출이 용이하도록 도와주는 역할을 합니다. 그렇기 때문에 이 역할을 맡은 지원자는 시간조절과 대화내용에 집중하여 내용을 잘 정리하도록 합니다.

08. 토론 면접 전 뉴스나 신문을 보고 정보를 업데이트한다.

토론 면접에는 실제 우리가 신문이나 뉴스에서 자주 접할 수 있는 주제가 출제됩니다. 이러한 이유로 우리는 주변에서 어떠한 일들이 일어나고 있는지에 관해서 평소에 관심 있게 알아보아야 합니다. 또한 너무 얕은 지식은 독이 될 수도 있으니, 사회 전반에서 일어나고 있는 현상에 관한 용어설명이나 배경 등에 관해 조금 더 관심 있게 알아보도록 합니다.

09. 자신의 생각을 말할 때는 확실하고 정확하게 전달한다.

토론 면접에서는 자신의 생각을 확실하고 정확하게 전달하는 능력이 매우 중요합니다. 그렇기 때문에 목소리는 모든 인원이 들릴 수 있도록 너무 크지도, 작지도 않는 적당한 목소리와 함께, 말끝을 흐리거나 자신 없는 어투는 절대 금물입니다. 효과적인 방법은, 자신의 생각을 명확히 전달한 뒤에 자신의 과거의 경험을 한두 가지 들어 이해하기 쉽게 설명하는 것이 중요합니다. 너무 많은 예를 제시하거나 너무 길게 이야기를 독점하고 있으면 독이 될 수 있으니 주의하도록 합니다.

10. 모의 토론 면접은 큰 도움이 된다.

　대부분의 면접 지원자들은 원하는 회사의 취업을 위해서, 회사가 원하는 인재상과 기준에 맞도록 노력을 하고 있습니다. 하지만 영어 토론 면접은 우리가 잘 접해보지 않았던 면접형태여서 처음 면접을 겪은 지원자들은 매우 난감해하며 면접에서 자신 없는 모습을 보이게 됩니다. 이에, 모의 면접을 미리 준비해 보는 것은 지원자들이 실제 면접에서 긴장하지 않고, 실제 면접에서 제 실력을 발휘할 수 있는 좋은 기회입니다. 스터디 그룹을 만들어서 팀원들과 함께 본서에 나오는 주제와 시나리오를 이용해서 꾸준히 연습하다 보면 분명히 토론 면접에서 좋은 결과를 얻을 수 있을 것입니다.

Basic expression
기본표현

토론을 할 때는 주제에 대한 아이디어도 물론 중요하지만, 토론을 시작할 때, 토론의 주제와 목적을 알릴 때, 자신의 의견을 내세울 때, 상대방의 의견에 긍정과 동의를 표현할 때, 상대방의 의견에 부정과 반대를 표현할 때, 다른 사람의 의견에 자신의 의견을 덧붙일 때, 상대방의 말을 알아듣지 못했을 때, 상대방의 의견에 대해서 반응할 때, 상대방의 의견을 묻거나 제안할 때, 그리고 토론을 정리하거나 마칠 때의 기본표현의 사용이 매우 중요합니다.

이러한 기본표현만 제대로 알고 토론을 시작한다면 상당히 매끄럽고 매너 있는 모습의 지원자로 각인될 수 있습니다. 심지어 토론 주제와 관련하여 아이디어가 크게 없더라도, 좋은 호응이 잘 첨가된다면 그 팀에 잘 어울릴 수 있는 일원의 모습으로 보여질 수 있습니다. 이러한 기본표현을 잘 익혀 토론이 더욱더 매끄럽게 진행될 수 있도록 하는 것이 중요합니다. 앞으로 **10가지의 기본표현**을 제대로 익혀 실제 영어 토론 면접에서 잘 사용하도록 합시다.

영어
토론
면접
7일 전

Basic expression
기본표현

01. 토론을 시작할 때

영어 토론 면접을 시작할 때는 면접관이 면접자들을 모아 놓고, 토론의 주제와 가이드라인을 주게 됩니다. 면접자들은 대체로 동그랗게 앉아 주제를 기다리게 되며, 면접관이 하는 말을 잘 듣고 내용을 파악하는 것이 매우 중요합니다. 만약 주제를 잘못 듣거나 이해를 못했다면, 아는 척 가늠하는 것보다는 면접관에게 주제를 정중히 다시 묻고 정확한 내용을 파악하여 토론을 시작하는 것이 매우 중요합니다. 재차 강조하는 부분이지만, 토론 면접의 키 포인트는 사람들과 어떻게 조화롭게 잘 어울리는지에 대한 평가입니다. 그렇기 때문에 상대방의 의견을 존중하는 모습을 보여주는 태도가 매우 중요합니다. 이에, **토론을 시작할 때 쓸 수 있는 표현**은 다음과 같습니다.

+ 주요 표현

Good morning / afternoon / evening everyone / ladies and gentlemen. Shall we start?
안녕하세요 여러분, 시작해도 되겠습니까?

Are you ready to talk about / discuss~
~에 대해 이야기할 준비가 되셨습니까?

How about we begin / start our discussion?
토론을 시작하는 게 어떻습니까?

All right, Let's start / begin.
자, 이제 시작해 봅시다.

Okay, let's begin / start our discussion on~
자, ~에 대한 오늘의 토론을 시작해 봅시다.

I think / guess we can start now.

이제 시작해도 될 것 같습니다.

Let's open / start / begin today's discussion about~

~에 대한 오늘의 토론을 시작합시다.

First of all, let's talk about / discuss~

먼저, ~에 대해서 토론합시다.

How about we begin / start our discussion?

토론을 시작하는 것이 어떻습니까?

I'd like to go first for our discussion, is it all right / okay / fine?

제가 먼저 시작해도 괜찮겠습니까?

✚ 적용 표현

A Good morning ladies and gentlemen, first of all, I am very happy to be here to discuss with everyone. Today, our topic is "Good things and bad things about working moms". How about we begin our discussion?

여러분 안녕하세요. 우선, 저는 여러분과 함께 토론하게 되어 기쁩니다. 오늘의 주제는 "일하는 엄마의 장점과 단점"입니다. 자, 이제 토론을 시작하는 것이 어떻습니까?

B Hello everyone. Are you ready to discuss "Why reading a book is necessary in our lives?" It's a very interesting topic today! Is it okay if I go first for our discussion?

안녕하세요. "인생에서 왜 책을 읽는 것이 중요한가?"에 대해 이야기할 준비가 되셨습니까? 오늘 주제가 매우 흥미롭습니다. 제가 먼저 시작해도 괜찮겠습니까?

02. 토론의 주제와 목적을 알릴 때

   토론을 시작할 때는 토론할 주제를 한 번 더 상기시킴으로써, 토론의 분위기를 자연스럽게 이끌어 나가는 것이 중요합니다. 토론의 주제와 목적을 알림으로써 면접관에게 내가 주제를 잘 파악했으며, 자칫 어색할 수 있는 분위기를 자연스럽게 잘 이끌어서 나를 긍정적으로 어필할 수 있는 좋은 기회입니다. 또한 주제를 잘 이해하지 못했던 지원자들에게도 명확한 정리를 해줄 수 있는 기회이기 때문에 토론의 주제와 목적을 알리는 면접자의 역할은 무엇보다도 중요하다고 볼 수 있습니다. 이에, **토론의 주제와 목적을 알릴 때 쓸 수 있는 표현**은 다음과 같습니다.

+ 주요 표현

Today, we're going to **talk about / discuss**~

Let's **talk about / discuss** ~ today.

Today's **discussion / topic** will be about~

What we want to do today is to **talk about / discuss**~
오늘의 토론은 ~에 관한 것입니다.

This is a hot **topic / issue** these days.
이것이 요즘 굉장한 화젯거리입니다.

The purpose of this discussion is to~
이 토론의 목적은 ~하는 것입니다.

Let's discuss how much we know this about~
우리가 ~에 관해 얼마나 알고 있는지 이야기해 봅시다.

A What topic we're going to discuss today?

오늘 토론할 주제가 무엇입니까?

B Today's topic will be about "Pros and cons on living together before marriage."

오늘의 주제는 "혼전 동거의 장점과 단점입니다.

A That's an interesting topic to discuss!

흥미로운 토론 주제네요!

A Hello, ladies and gentlemen. What we want to do today is to talk about "Studying abroad at young age".

여러분 안녕하세요. 오늘 토론은 "조기유학"에 관련한 것입니다.

B That's good. Also that's a hot topic these day.

좋습니다. 그것이 요즘 굉장한 화젯거리이기도 합니다.

03. 자신의 의견을 내세울 때

토론 면접에서 자신의 의견을 내세울 때는, 최대한 공손하고 겸손하게 하지만 본인의 의견은 확실하게 전달하는 것이 중요합니다. 그렇기 때문에 상대방의 의견을 경청하면서 나의 의견을 내세울 때는, 객관적인 자세로 의견이 다름을 인정하는 태도를 취하는 것이 매우 중요합니다. 또한 본인의 생각과 의견을 말할 때나 혹은 다른 정보를 인용할 때는 아래의 주요 표현의 문구를 사용해 자신의 의견을 정확하게 내세우는 것이 중요합니다. 이에, **자신의 의견을 내세울 때 쓰는 표현**은 다음과 같습니다.

+ 주요 표현

I think / believe / suppose / guess / assume that

In my opinion / view~

From my point of view is~

The way I see it~

As far as I know / see it~

It seems to me that~
저의 의견은, 제 생각에는

I would like to say that~
저는 ~에 대해서 말하고 싶습니다.

Let me tell you what I think about~

제가 ~에 대해서 어떻게 생각하는지 말해 보겠습니다.

I would like to point out here that~

저는 여기서 ~을 언급하고 싶습니다.

I strongly / firmly advise you to~

저는 ~을 확실히 권하는 바입니다.

In my case / experience

저의 경우에는 / 경험으로는

No one can deny the fact that~

누구도 ~라는 사실을 부정할 수 없습니다.

I'm convinced / certain / sure / confident that~

저는 ~일 것이라고 확신합니다.

It is obvious that~

~가 분명합니다.

It is important to~

~는 중요합니다.

✚ 적용 표현

A **As far as I see**, there are so many good points by using smart phones. Because It has lots of functions such as personal schedulers, useful transportation informations, as well as expanding human networks by SNS.

제 의견은, 스마트폰 사용에는 많은 장점이 있습니다. 왜냐하면 스케줄 체크나 유용한 교통정보와 더불어 SNS를 통한 소통을 하면서 인간관계를 확장할 수 있는 많은 기능들이 있기 때문입니다.

B That's true! But **In my opinion**, we can find so many people who are suffering from smart phone addiction easily. Even they are watching their smart phones while walking, which might cause big accidents.

맞습니다! 하지만 제 의견은, 많은 사람들이 스마트폰 중독에 시달리고 있는 것을 볼 수 있습니다. 심지어 걸을 때도 스마트폰에서 눈을 떼지 않는데, 이것은 큰 사고를 유발할 수도 있습니다.

04. 상대방의 의견에 긍정과 동의를 표현할 때

토론 면접에서 어떤 지원자가 자신과 같거나 비슷한 의견을 말했다면, 그 의견에 대한 긍정과 동의를 표현하는 것이 좋습니다. 왜냐하면 면접관에게 내가 면접에 잘 참여하고 있다는 것을 보여줄 수 있는 좋은 기회이며, 또한 그 의견에 대해 덧붙여 표현함으로써 내가 먼저 대화의 문을 열지 않더라도 토론에 어울려 함께 참여할 수 있는 동기를 부여하는 부분이기 때문입니다. 상대방의 의견에 긍정과 동의를 표현할 때 아래와 같은 표현을 쓰면 매우 효과적이며 그 뒤에는 구체적인 이유나 예제를 들어 본인의 주장을 연속적으로 이어나가도록 합니다. 이에, <u>상대방의 의견에 긍정과 동의를 표현할 때 쓰는 표현</u>은 다음과 같습니다.

✚ 주요 표현

I (definitely / entirely / absolutely / completely) agree with you / your idea.

You're right.

It's true.

I agree 100%.

Well, I'm with you on that.

I think you're on the right track.

I support~

I have the same opinion about~

That's a **good point.**

That's exactly what I'm trying to say.

That's kind of what I wanted to say.

That's just what I was thinking about.

I have the same thought as you.

There's no reason to oppose~

That makes sense.

There's no reason to oppose~
저는 당신의 의견에 동의합니다.

+ 적용 표현

A I think we have to use recycled products. It prevents environmental pollution and global warming.
저는 재활용 제품을 써야 한다고 생각합니다. 그 이유는 환경오염 예방과 지구온난화를 막기 때문입니다.

B I have the same opinion about using recycled products.
저도 재활용 제품을 쓰는 것에 대해 같은 의견을 가지고 있습니다.

05. 상대방의 의견에 부정과 반대를 표현할 때

토론 면접은 항상 찬성과 반대의 의견이 있고 또한 다양한 주장이 나오기 마련입니다. 그렇기 때문에 상대방의 의견이 나와 맞지 않을 때도 있으며 이를 부정하거나 반대의 의견을 제시해야 할 경우도 종종 있습니다. 그렇지만 면접토론임을 감안한다면, 상대방과 나의 의견이 같지 않다 하더라도 직접적인 부정과 반대의 표현인 **You're wrong**(당신 생각이 틀렸습니다), **That's crazy**(정말 터무니없습니다), **You have wrong information**(당신은 잘못된 정보를 가지고 있습니다) 등의 직접적인 표현보다는, 우회적인 표현을 쓰는 것이 적절합니다. 또한 나와 다른 의견을 가지고 있고 내 의견이 맞더라도, 상대방을 무시하거나 무례한 행동을 보여서는 절대로 안 된다는 것을 잊지 말아야 합니다. 그리고 부정과 반대를 표현한 의견을 제시했을 때는, 그 뒤에 분명하게 합당한 이유로 의견을 뒷받침해 나의 의견을 표현하는 것이 매우 중요합니다. 이에, <u>상대방의 의견에 부정과 반대를 표현할 때 쓰는 표현</u>은 다음과 같습니다.

➕ 주요 표현

You're right / correct but I have a little bit different idea from you.

Basically, I partly agree with your idea but in some points, I have different from you.

I beg to differ with you.

What you are saying is right but~

That may be so, but I still think that~

Yes, you've got a point but~

I partly agree with that~

That's **true / possible / good points / correct / right** but~
당신의 말은 맞지만 저는 조금 다른 의견을 가지고 있습니다.

I can understand that, but~
그 점은 이해할 수 있지만~

I'm not against it, but at the same time~
그 점에 반대하는 것은 아니지만, 동시에~

I don't think you're **completely / perfectly** correct on that point.
저는 그 점에서 당신이 완전히 옳다고 생각하지 않습니다.

+ 적용 표현

A I think using disposable products makes our lives easier and more convenient. Because it could save our time to prepare and clean.
제 생각에는 일회용 제품 사용이 우리의 삶을 쉽고 편리하게 만든다고 생각합니다. 왜냐하면 그것이 우리가 준비하고 청소하는 시간을 줄여주기 때문입니다.

B You're right but I have a little bit different idea. I think using disposable products has brought to our lives easy but it brings garbage problems and environmental pollution.
당신의 말은 맞지만 저는 조금 다른 의견을 가지고 있습니다. 제 생각에는 일회용 제품 사용은 우리의 삶을 편리하게는 만들었지만 쓰레기 문제와 환경오염을 불러 일으켰습니다.

06. 다른 사람의 의견에 자신의 의견을 덧붙일 때

토론 면접에서 같은 지원자들과 조화를 이루면서 토론을 이끌어 나가는 것은 매우 중요한 일입니다. 어쩌면 토론을 주도하는 것보다 상대방의 의견에 본인의 의견을 덧붙이며 지지하는 방법이 면접관들이나 참여자들에게 조화로운 팀원의 일원이 되기에 더욱 더 어울리게 보일 수 있는 방법입니다. 또한 본인의 의견을 제시할 때 주장에 대한 증거나 예시를 들어주면 더욱더 정확하고 설득력 있는 주장을 펼 수 있습니다. 이에, **다른 사람의 의견에 자신의 의견을 덧붙일 때 쓰는 표현**은 다음과 같습니다.

✚ 주요 표현

I want to talk more about what you just said.
당신이 방금 한 말에 대해 이야기하고 싶습니다.

Just one more thing,

Let me explain / add further

I'd like to add something to it.

I'd like to add a couple of points to~

I want to say something in support of~

May I add my idea?
제 의견을 덧붙여도 되겠습니까?

Suddenly, an idea came to my mind / popped up
갑자기 아이디어가 생각났습니다.

Let me tell you about a personal experience.
저의 개인적인 경험에 대해서 말씀드리겠습니다.

Let me rephrase / clarify that.
제가 다시 말씀드리겠습니다.

To make a long story short,
간단히 말하자면,

According to an article / the reports / economists,
기사 / 연구 / 경제학자들에 따르면,

One study / A survey shows that~
한 연구 / 조사에 따르면

There is a saying / proverb~
~란 속담이 있습니다.

I'd like to share / leave a quote~
~라는 인용구를 함께 공유하고 / 남기고 싶습니다.

For example,
예를 들어,

In addition

Moreover

Furthermore

Besides
게다가

Consequently

Finally

Eventually

Ultimately
결국

For this reason

Therefore

As a result
그 결과

＋ 적용 표현

A I agree with "Smoking on the street should be banned". As I am a non-smoker, I feel unpleasant when someone passes me by smoking on the street.
저는 "길에서 담배 피는 것을 금지하는 것"에 대해서 찬성합니다. 저는 비흡연자로서 누군가 담배를 피우면서 지나갈 때 상당히 불쾌합니다.

B I'd like to add something to it. I have exactly same experience as you. Secondhand smoking gives us a big health hazard. Also it increases the risks of cancer.
제가 그 의견에 약간 덧붙이고 싶습니다. 저도 같은 경험이 있습니다. 간접흡연은 우리의 건강에 매우 해롭습니다. 또한 암의 위험을 증가시킵니다.

07. 상대방의 말을 알아듣지 못했을 때

토론 면접에서는 많은 인원들이 모여 있고, 또한 많은 의견들이 오고 갑니다. 그렇기 때문에 가끔씩 질문이나 의견들이 본인에게 들리지 않거나 이해가 가지 않는 상황이 오게 됩니다. 물론, 면접관의 의도를 잘 알아듣지 못했을 때도 동일하게 적용됩니다. 하지만 토론에서는 이해와 상대방에 대한 의견 존중이 중요한 만큼, 원활한 토론을 위해서는 모르거나 이해가 가지 않는 부분은 즉각 물어보는 것이 중요합니다. 이때, 질문자의 태도 역시 정중하고 매너 있는 모습이 가장 중요함을 잊지 않도록 합시다. 이에, **상대방의 말을 알아듣지 못했을 때 쓰는 표현**은 다음과 같습니다.

✚ 주요 표현

(I am) sorry?

Pardon (me)?

I beg your pardon?

I don't follow you.

I don't get it.

I don't understand.

I didn't catch it.

Could you say that again?

Would you repeat that, please?

I'm not sure I got your point.

I don't quite see what you're trying to say.

I am afraid I didn't understand your question, would you please say that again?
죄송하지만, 다시 한 번 말씀해 주시겠어요?

A I think sharing too much on the SNS exposes people to the danger of personal information leaks.
제 생각에는 SNS를 너무 많이 업데이트하면, 사람들의 개인정보의 유출 위험이 있다고 생각합니다.

B I am afraid I didn't understand your question, would you please say that again?
죄송하지만, 다시 한 번 말씀해 주시겠어요?

08. 상대방의 의견에 대해서 반응할 때

　　토론 면접은 여러 사람들이 함께 의견을 나누며 의사소통하는 조금은 특별한 면접형태입니다. 또한 토론이 영어로 진행된다면 알아 두어야 할 특별한 점이 있습니다. 바로 상대방의 의견에 대해 반응하기입니다. 상대방의 의견을 듣고 고개를 끄덕이면서, 감탄사나 형용사로 반응과 호응을 보여주는 것이 영어 토론 면접에서의 일반적인 예의입니다. 이렇게 고개를 끄덕이고 호응을 보임으로써, 면접관에게 내가 면접에 열심히 임하고 있고 토론을 즐기고 있다는 모습을 보여주는 것입니다. 단, 너무 과한 표현은 역효과를 불러올 수 있으니 조심해야 합니다. 이에, **상대방의 의견에 대해서 반응할 때 쓰는 표현**은 다음과 같습니다.

✚ 주요 표현

Of course	I / You bet
Absolutely	Definitely
Brilliant	Lovely
Undoubtedly	Perfect
Exactly	
You're / That's right	

물론이죠, 당연하죠!

I see what you mean.

I see what you're saying.

I got it.
알겠습니다.

Without a doubt.
의심할 바 없습니다.

You've got the point.
좋은 지적입니다.

+ 적용 표현

A I support using online real-name system. Because these days, I found many people are suffering from malicious messages. Even some people commit suicide because of that. Therefore, we should adopt online real-name system.
저는 인터넷 실명제에 찬성합니다. 왜냐하면 요즘 많은 사람들이 악성 댓글로 고통받고 있습니다. 심지어 몇몇은 자살을 하기도 합니다. 그러므로 인터넷 실명제를 도입해야 합니다.

B Exactly!
물론이죠!

C But online real-name system could have disadvantages for wreakers in the society. They might get less chance to express their opinions.
하지만 인터넷 실명제는 사회적 약자에게는 불리하게 될 것입니다. 그들은 아마도 그들의 의견을 표출하는데 더 적은 기회를 갖게 될 것입니다.

09. 상대방의 의견을 묻거나 제안할 때

　토론 면접은 여러 지원자들이 함께 하는 면접이기 때문에 긴장을 너무 많이 한 탓에, 혹은 말할 타이밍을 놓쳐서 한 마디 의견도 내 놓지 못한 면접자가 그룹에서 꼭 한 명씩은 있을 것입니다. 토론 면접이 팀워크의 비중이 많은 면접임을 눈치챈 지원자들은 이때를 놓치지 말아야 합니다. 의견을 내놓지 못한 지원자에게 의견을 묻고 이야기할 기회를 만드는 것은 매우 중요한 일입니다. 하지만 다짜고짜 의견을 묻는 것보다는, 의견에 대해서 찬성인지 반대인지(Do you agree or disagree with this?) 먼저 물어 보고, 어떠한 의견이 있는지(Do you have any other ideas / opinions?) 또는 누구의 의견을 지지하는지(Which idea do you support / agree?) 등의 질문으로서 배려를 보여 상대방이 대답하기 좀 더 편한 분위기를 만들어 주는 것이 토론 면접에서 좋은 점수를 받을 수 있는 행동임은 부정할 수 없습니다. 이에, **상대방의 의견을 묻거나 제안할 때 쓰는 표현**은 다음과 같습니다.

✚ 주요 표현

Do you agree or disagree with this?
당신은 이것에 찬성입니까? 반대입니까?

Which idea do you support / agree with?
어떤 의견을 지지합니까?

What's your opinion on this?

What do you think about it?
이 문제에 대한 당신의 의견은 무엇입니까?

Do you have any other ideas / opinions?

Who has an **opinion / idea** on this?

Does anyone else want to contribute?

여기에 대한 의견 있습니까?

How / what about~?

Why don't you~?

~하는 게 어떻습니까?

I have a **proposition / suggestion** for you.

May I offer you a **proposition / suggestion**?

Can I suggest something?

I'd like to suggest that~

한 가지 제안해도 되겠습니까?

+ 적용 표현

A Since we discussed about our opinion, can I ask what you think about it? Do you agree or disagree with this?

우리가 지금까지 토론을 해왔는데, 제가 당신이 어떤 의견을 가지고 있는지 물어봐도 될까요? 이 의견에 찬성 아니면 반대하십니까?

B Thank you for asking. I disagree with death penalty.

물어봐 주셔서 감사합니다. 저는 사형제도에 대해서 반대합니다.

10. 토론을 정리하거나 마칠 때

토론 면접은 일반적으로 정해진 시간이 있기 마련입니다. 그리고 결론을 도출해야 할 때도 있습니다. 이렇게 시간이 정해져 있고, 결론을 도출해야 하는 토론 면접에는 "**시간관리**(Time management)"가 매우 중요한 요소입니다. 그렇기 때문에 항상 시간을 체크해 가면서 토론에 임하고, 필요에 따라서는 **Time checker**(시간을 체크하는 사람)가 지원자들에게 얼마의 시간이 남았는지 상기시켜 주는 것도 매우 중요한 역할로 작용합니다. 또한 토론 종료 직전 토론내용을 정리할 때는 지금까지 어떤 내용이 나왔는지에 관련해 아래의 주요 표현을 참고하여 간략하게 정리하도록 하며, 토론시간 종료 이후에는 토론을 마무리하면서 함께 토론했던 것이 즐거웠다는 코멘트를 남기는 것을 잊지 않도록 합시다. 이에, **토론을 정리하거나 마칠 때 쓰는 표현**은 다음과 같습니다.

+ 주요 표현

We are short of time. Let's move on to the next topic. What's the next?
시간이 없습니다. 다음 토픽으로 넘어가도록 합시다. 다음 주제는 무엇인가요?

We have just few minutes left. Let's summarize all of our topics.
시간이 얼마 안 남았습니다. 이제 우리 주제를 정리해 봅시다.

I am sorry to interrupt you, but we are running out of our time.
방해해서 죄송하지만, 시간이 별로 없습니다.

I should move on to~
~로 넘어가야겠군요.

To make a long story short

To put it into few words

To sum up

In short

In brief
간단히 말하자면

I was happy to discuss today. Thank you.

It was really good time to talk with you. Thank you.
오늘 토론 너무 즐거웠습니다. 감사합니다.

+ 적용 표현

A Ladies and gentlemen, we have just few minutes left. Let's summarize all of our topics.
여러분, 시간이 없습니다. 이제 우리 주제를 정리해 봅시다.

B All right. To put it into few words, we discussed "Why people enjoy extreme sports". And we got some ideas that it releases their stress, and they do it for fun and challenge.
좋습니다. 간단히 말하자면, 우리는 "왜 사람들이 익스트림 스포츠"를 즐기는지에 관해 토론해 보았고 그 이유는 스트레스를 풀기 위해서, 재미로 그리고 새로운 것을 시도해 보고 싶어서의 의견이 나왔습니다.

Part 2

Debate
토론

토론(Debate)은 찬성과 반대, 긍정과 부정의 두 대립된 의견을 가지고, 어떤 공통된 주제에 찬성인지 반대인지 혹은 긍정인지 부정인지에 관해 자신의 주장을 내세우는 것입니다. 이미 그 주제에 대해서는 입장이나 해결책이 결정되어 있기 때문에 디베이트에서는 상대방을 **"설득"**하는 데에 중점을 두어, 자신의 관점을 주관적으로 주장하기보다는 주제를 뒷받침할 수 있는 논리적인 내용을 제시하는 것이 매우 중요합니다. 그렇기 때문에 토론을 잘하기 위해서는 자신의 지식과 논리를 이용해서 상대방으로 하여금 내 의견을 잘 받아들일 수 있도록 **"설득"**하는 기술이 매우 필요합니다. 면접에서의 토론은 이러한 **"설득"**과 자신의 확실한 주장을 논리적으로 내세우는 것도 중요하지만, 상대방을 배려하는 마음을 바탕으로 내 의견을 내세우되 절대로 상대방의 의견을 무시하는 태도를 보이는 것을 삼가도록 합니다. 이것이 취업을 위한 면접임을 명심하고 기업에서 원하는 팀원으로서 잘 어울림을 보여주는 것을 잊지 않도록 하는 것도 매우 중요합니다.

영어
토론
면접

7일 전

Debate
토론

+ Agree or disagree? Pros or Cons? - 찬성 혹은 반대?

1 Part-time jobs for teenagers. 알바지옥? 십대들의 아르바이트

2 Online real-name system. 막무가내 악성 댓글 이대로 좋은가? 인터넷 실명제

3 Abortion. 살인인가? 선택인가? 낙태

4 Plastic surgery. 예쁘니까 괜찮아~ 성형수술

5 Eating dog meat. 친구일까? 음식일까? 개고기 식용화

6 Death penalty. 인권존중? 죄값 치르기? 끝나지 않은 논란. 사형제도

7 Using smart phones for children. 스마트폰 없이는 스마트하지 않다? 어린이 스마트폰 사용

8 Smoking ban in public. 흡연자는 이제 어디로? 공공장소 금연

9 Circus animals. 동물에게도 권리를! 동물 서커스 (동물쇼)

10 Living together before marriage. 사랑의 이름으로! 혼전 동거

01. Part-time jobs for teenagers.
알바지옥? 십대들의 아르바이트

 ## 십대들의 아르바이트 찬반론

십대, 즉 청소년은 어른과 어린이의 중간 시기입니다. 흔히 청소년이라고 하면 만 13세에서 18세 사이의 사람을 칭하며, 통상 중학교와 고등학교 시기에 해당됩니다. 이 시기에는 당연히 하고 싶은 것, 갖고 싶은 것들이 많습니다. 그렇기 때문에 일부 십대들은 부모님이 주시는 용돈 이외로 학비 혹은 용돈을 모으기 위해 학업과 병행하여 아르바이트를 하고 있습니다. 고용노동부에 따르면 만 18세 미만(15~19세) 청소년 근로자는, 2009년까지 감소하다 다시 증가하여 2013년 22만 명 수준에 달한다고 보고하고 있으며 특히 방학기간에는 28만 명까지 증가하고 있다고 보고하고 있습니다. 십대들은 주로 음식점(패스트푸드 포함), 편의점 등 영세 사업장이나 전단지 돌리기 등 임시직에서 아르바이트로 근로활동을 하고 있습니다. 십대들은 아르바이트를 통해서 어린 나이지만 사회성을 기르고 돈의 가치를 느낄 수 있다는 장점을 겪고 있지만, 근로조건이 취약하여 최저임금이 잘 지켜지지 않고 있고 임금체불, 폭언, 성희롱 등의 부당한 경험의 단점을 겪기도 합니다.

agree 찬성	disagree 반대
• 일에 대한 책임감을 느끼고 배울 수 있다. • 사람들을 상대하면서 의사소통 능력과 사회성을 기를 수 있다. • 돈의 소중한 가치를 느낄 수 있다. • 여러 일을 해 봄으로써 본인의 적성을 미리 가늠할 수 있다. • 일의 성취감으로 자신감을 갖게 된다.	• 어린 나이에 학업과 일을 병행하는 것은 쉽지 않다. • 몸이 피곤하며 공부할 시간이 넉넉하지 않아 학업이 뒷전이 될 수 있다. • 친구들이나 가족들과 보내는 시간이 줄어든다. • 일터에서 많은 스트레스를 받을 수 있다. • 근로조건이 취약하다.

디베이트 시나리오 #1

A Okay, I am happy to be here to discuss. Let's begin our discussion on "Pros and cons of part-time jobs for teenagers". Is there anyone who would like to go first?

자, 저는 오늘 이곳에서 토론할 수 있어서 정말로 기쁩니다. "십대들의 아르바이트 찬성과 반대"에 대해서 토론을 시작해 볼까요? 누가 먼저 시작하시겠습니까?

TIP
토론을 시작할 때는, 간단한 인사를 하여 서먹한 분위기를 깨도록(ice breaking) 합니다. 또한 주제를 다시 한 번 언급하며 지원자들에게 상기시켜 주면서 주위를 환기시킵니다.

Opinion 01

많은 것을 배우고 경험할 수 있어요.

Pros

Yes, I would like to go first. Is it all right? I think having part-time jobs for teenagers could have many advantages. They can learn and experience that schools don't teach. The teenagers would improve responsibility, socializing and communication skills by taking the roles.

↳ **찬성** _ 네, 제가 먼저 시작해 보겠습니다. 저는 십대들이 아르바이트를 하는 것에 찬성합니다. 그들은 학교에서 배울 수 없는 것들을 배우며 경험하게 됩니다. 그들은 자신의 역할을 담당하면서 책임감과 사교성을 기를 수 있기 때문입니다.

TIP
먼저 의견을 내고 싶을 때 동의를 구하면서 이야기를 시작하면 여유와 매너가 있는 지원자의 모습으로 어필할 수 있습니다.

Opinion 02

> 다른 또래와 좋은 추억을 쌓는 게 먼저에요.

Cons

I can understand that, but if they spend much time on the work, they would have less time for family and friends which causes missing out some good memories in that age. Plus, having jobs means that they will have less time to do other activities and study as well. They might get behind the school works which would cause to have bad grades.

↳ **반대** _ 그 점은 이해할 수 있지만 학생들은 가족과 친구들과 보내는 시간을 적게 가질 것이며 그것이 그 나이의 좋은 추억을 놓치게 될 것입니다. 또한 직업이 있다는 의미는 다른 활동과 공부를 할 시간이 없다는 의미이기도 합니다. 학생들은 학업을 뒷전으로 할 수도 있으며 이것이 나쁜 성적을 받게 하는 요인이 될 수도 있습니다.

TIP
반대의 의견을 내세우되 상대방을 존중하며 부정적인 느낌을 주지 않는 표현을 적절히 사용합니다.

Opinion 03

> 학업과 일을 병행하기가 쉽지 않아요.

Cons

Definitely. I want to talk more about what you just said. In my case, I had a part-time job when I was a high school student. That moment, I felt tired and didn't have enough time to study. Finally I got lower grades. Definitely, it is not easy to work and study at the same time for young people.

↳ **반대** _ 맞습니다. 제가 그 이야기에 덧붙여 이야기하고 싶습니다. 제 경우에는, 저는 고등학교 학생 때 아르바이트를 했습니다. 그 당시, 매우 피곤했고 공부할 시간도 충분하지 않았습니다. 결국 저는 낮은 성적을 받았습니다. 확실히, 어린 나이에 학업과 일을 병행하는 것이 쉽지 않습니다.

TIP
동의하는 표현을 적절히 사용하며, 본인의 경험을 덧붙여 이야기합니다.

Opinion 04

> 시간관리를 배울 수 있어요.

Pros

You may be right. But I think it depends on the person. People around me did a great job to work and study at the same time. I guess they did great "time management". Therefore I think teenagers can learn value of money that doesn't grow on trees and also improve time management from the work.

↳ **찬성** _ 그 말이 맞을지도 모릅니다. 하지만 저는 사람마다 차이가 있다고 생각합니다. 제 주변 사람들은 일과 공부 모두 잘했습니다. 제 생각에는 그들이 "시간관리"를 잘한 것 같습니다. 그러므로 저는 십대들이 일을 통해서 돈의 가치 즉, 돈이 쉽게 벌 수 있는 것이 아니라는 것과 시간관리를 배울 수 있다고 생각합니다.

Opinion 05

> 근로조건이 취약해요.

Cons

You've got the point. But some employers delay payments or pay teens less salary. There are so many unfair situations, such as poor working condition, lack of rest and abuse in need. So that they can get hurt and stress as well.

↳ **반대** _ 좋은 지적입니다. 하지만 몇몇 업주들은 십대들에게 급여를 제때 주지 않거나 덜 받기도 합니다. 실제로 열악한 작업환경, 휴식의 부족 그리고 폭언 등 많은 불공평한 상황들이 일어납니다. 그래서 마음의 상처를 입고 스트레스를 받기도 합니다.

TIP

반대의 의견을 내세우되 상대방을 존중하며 부정적인 느낌을 주지 않는 표현을 적절히 사용합니다.

+ 단어 체크

- **responsibility** 책임감
- **socializing** 사교
- **miss out** 빠뜨리다
- **It doesn't grow on trees** 돈은 나무에서 딸 수 있는 것이 아니다(돈을 버는 것이 쉽지 않다)
- **time management** 시간관리
- **communication skill** 의사소통 능력
- **abuse** 폭언

02. Online real-name system.
막무가내 악성 댓글 이대로 좋은가? 인터넷 실명제

 ### 인터넷 실명제 찬반론

인터넷 실명제란, 인터넷을 이용하는 사람의 실명과 주민등록번호가 확인되어야만 인터넷 게시판에 글을 올릴 수 있는 제도를 말합니다. 이 제도는 인터넷에서 익명성을 악용한 사이버 범죄가 점점 늘어나 개인과 사회의 피해가 커지게 되자, 2002년 이후 공공기관과 회원수가 10만 명이 넘는 인터넷 포털 사이트 등에 글을 쓸 때 반드시 본인임을 확인하는 인터넷 실명제를 의무화하게 되었습니다. 이것은 제17대 국회의원총선거에 대비해 익명성을 악용해 인터넷공간에서 불법 선거운동을 막자는 취지로 도입이 되었지만, 인터넷 실명제 시행 이후 익명 표현의 자유에 대한 침해, 주민등록 정보 노출에 대한 개인 정보 노출과 개인 인권침해, 국민의 정치참여 제한, 주민등록번호가 없는 외국인들의 국내 사이트 게시판 사용의 어려움 그리고 국내의 많은 인터넷 이용자들이 익명성이 보장되는 해외사이트로 도피 등의 많은 문제점이 파악되자 폐지되었습니다. 하지만 여전히 인터넷 실명제 찬반론이 대두되고 있는 실정입니다. *(두산백과 참고하여 저자 재구성함)

agree 찬성	disagree 반대
• 이름을 걸고 쓰는 글은 신중하며 책임을 지게 되며 최소한의 제어가 가능하다. • 정보를 공유할 때 거짓정보가 유포되지 않도록 예방할 수 있다. • 인터넷이라는 가상공간에서도 예절이 필요하고 무질서 예방과 인식의 변화를 위해 규제가 필요하다.	• 개인정보의 유출이 우려된다. • 댓글 수가 감소하고 글을 쓰는 사람들의 참여를 저하시킨다. • 사회적 약자, 소수자, 내부고발자 등의 표현의 자유가 상실된다. • 국민의 정치참여가 제한된다.

디베이트 시나리오 #2

A Today we are going to talk about "Online real-name system". Can we start our discussion now?

오늘 우리는 인터넷 실명제에 관련해서 이야기를 해 보겠습니다. 시작해 볼까요?

Opinion 01

> 악성 댓글은 심한 상처가 되요.

Pros

Yes sure, first I am supporting about online real-name system. Because I could find so many people posting malicious massages without guilty. Some people get hurt by the comments, and that causes many serious social problems nowadays. These days many celebrities committed suicide because of malicious massages.

↳ **찬성** _ 네, 먼저 저는 인터넷 실명제를 지지합니다. 왜냐하면 요즘 많은 사람들은 죄책감 없이 악성 댓글을 답니다. 그로 인해 몇몇 사람들은 상처를 받고 이것은 이미 심각한 사회문제가 되었습니다. 요즘에 많은 유명인사들이 악성 댓글 때문에 자살을 하기도 했습니다.

TIP
찬성하는 의견을 언급한 뒤, 뒤에는 설득 가능한 예를 들어 의견을 지지하는 의견을 내세웁니다.

Opinion 02

> 표현의 자유가 상실될 수 있어요.

Cons.

It makes sense but I have a different idea. However there are many people who are weaker in the society, minorities and whistle-blower. If they put their real name on, they might not participate in any case. Also, they can't guarantee their freedom of expressions.

↳ **반대** _ 좋은 의견이네요 하지만 사회적 약자, 소수자, 내부고발자 등의 많은 사람들이 있습니다. 만약 그들의 실명을 써야 한다면 그들은 어느 경우에도 참여하지 않을 것입니다. 또한 그들의 표현의 자유가 상실될 수 있습니다.

TIP
반대의 의견을 내세우되 상대방을 존중하며 부정적인 느낌을 주지 않는 표현을 적절히 사용합니다.

Opinion 03

> 정치적으로 이용될 수 있어요.

Pros.

But as you know sharing information is the main aim for using internet. If someone puts fake information without his real name, there must be innocent victims. Plus, someone can make bad use of political reason.

↳ **찬성** _ 하지만 아시다시피 인터넷의 가장 근본적인 목적은 정보의 공유입니다. 만약 누군가가 거짓정보를 이름 없이 올린다면, 분명 선량한 피해자가 있을 것입니다. 게다가 누군가는 정치적으로 나쁘게 이용할 수 있습니다.

Opinion 04

> 정보 유출의 부작용이 있어요.

Cons.

That's possible. But have you thought about data spill? Personal data spill is the big issue nowadays. One more thing is many countries like U.K, U.S, France and Germany do not carry out online real-name system. It is because they think it restricts political participation to citizens.

↳ **반대** _ 가능한 이야기입니다. 하지만 정보 유출에 관해 생각해 보셨나요? 최근 개인 정보 유출이 가장 큰 이슈입니다. 그리고 한 가지 더, 영국, 미국, 프랑스 그리고 독일 같은 일부 국가들은 인터넷 실명제를 시행하고 있지 않습니다. 왜냐하면 그것이 국민들의 정치적 참여에 제한을 준다고 생각하기 때문입니다.

Opinion 05

> 인터넷 실명제로 가상공간에서 예절을 지킬 수 있어요.

Pros

But there are many ways to participate in politics not only through internet. And I want to mention that people tend to be totally different when they are online. Therefore, for healty cyber-culture, there ought to introduce real-name system policy to keep manners in cyberspace.

TIP
상대방을 설득하기 위해서는 그에 뒷받침할 수 있는 근거 있는 이야기를 해야 합니다.

↳ **찬성** _ 하지만 인터넷 참여 말고도 여러 가지 방법으로 정치참여를 하는 방법이 있습니다. 그리고 한 가지 언급하고 싶은 부분이 있는데 사람들이 온라인상에서 완전히 다른 사람이 되는 경향이 있다는 점입니다. 그렇기 때문에, 건강한 인터넷 문화를 위해 인터넷 실명제를 도입함으로써 규제하며 가상공간에서도 예절을 지킬 수 있습니다.

➕ 단어 체크

- **data spill** 정보 유출
- **minorities** 소수자
- **freedom of expression** 표현의 자유
- **cyberspace** 가상공간
- **whistle-blower** 내부고발자
- **political participation** 정치참여

03. Abortion.
살인인가? 선택인가? 낙태

 ## 낙태의 찬반론

　낙태란, 태아가 생존 능력을 갖기 전 임신시기에 자궁 안에서 인공적으로 임신을 종결시키는 것을 말합니다. 우리나라의 낙태 관련 법규 중 불법적인 낙태 적발 시 형법 269조, 270조에 의거해 산모는 1년 이하의 징역 또는 200만원 이하의 벌금, 의사는 2년 이하의 징역이 처벌됩니다. 또한 합법적인 낙태는 모자보건법 14조에 의거해 강간 또는 준강간에 의한 임신, 혈족 또는 친척 간 임신, 임신여성의 건강을 해할 우려가 있는 경우, 임신 여성이나 배우자가 특정한 유전성·전염성 질환이 있는 경우에만 합법적으로 간주되고 있습니다. 외국의 경우에는 낙태가 불법인 바티칸, 몰타, 칠레, 엘살바도르, 니카라과를 제외하고는 일부 낙태를 제한적으로 허용하거나, 임신 10~12주 이내로 허용하는 관련 법규를 가지고 있습니다. 아직도 법규와 관련해 많은 논쟁을 가지고 있는 낙태의 찬반론은 여전히 뜨거운 주제로 대두되고 있습니다.

agree 찬성

- 여성은 자기 몸에 대한 결정권을 가진다.
- 원하지 않는 임신으로 고통받는 여성을 위해서 필요하다.
- 아기를 낳고 버리는 것이 더 나쁘다.
- 태아는 사람이 아니라고 간주된다. 그러므로 낙태는 살인 행위가 아니다.

disagree 반대

- 태아는 잠재적 인간체이므로, 낙태는 명백한 살인 행위이다.
- 낙태는 신체적, 정신적인 여러 부작용이 따른다.
- 낙태보다 출산 후 입양을 하는 방법도 있다.
- 미혼모를 위한 정책을 더 강화한다.
- 낙태를 합법화하면 무분별한 성관계가 우려된다.

디베이트 시나리오 #3

A **Good morning! Today, our topic is about abortion. This is a hot topic these days. Shall we start?**

안녕하세요. 오늘은 낙태에 대한 주제입니다. 이 주제가 요즘 화제입니다. 시작해 볼까요?

Opinion 01

생명은 소중해요.

Cons

In my opinion, all lives are precious. It doesn't matter if they are big or small. I think a fetus is also potential human being. As killing human being is murder, abortion is a also crime.

↳ **반대** _저는 생명은 소중한 것이라고 생각합니다. 그것이 크든 적든 말입니다. 저는 태아가 잠재적인 인간체라고 생각합니다. 인간을 죽이는 것은 살인입니다. 그러므로 낙태 또한 범죄 행위입니다.

TIP
"In my opinion"을 언급한 뒤에, 자신의 주장을 나타냅니다.

Opinion 02

낙태를 해야 하는 부득이한 사정이 있어요.

Pros

I can understand that, but have you read the article or news about rape? Recently, I could find so many articles about rape, and feel so sorry about it. In the case of rape or incest, they have possibility of pregnancy which they do not want. And many rape victims are also struggle with feeling of self-blame, anger, distrust of men, depression and even trying to committing suicide.

↳ **찬성** _그 점은 이해할 수 있지만 성폭행에 관련한 기사나 뉴스를 본적이 있으십니까? 최근 저는 성폭행에 대한 많은 기사를 보게 되었는데 정말 유감스러웠습니다. 성폭행이나 근친상간의 경우 임신을 할 가능성이 있습니다. 하지만 그들은 절대 그 아이를 낳고 싶지 않을 것입니다. 많은 성폭행 피해자들은 자기비난, 화, 남자들에 대한 불신, 우울증 심지어 자살까지 생각하기도 합니다.

Opinion 03

여성들은 자신들의 결정권이 있어요.

Pros

I agree 100%. Women have rights to decide what they want. Some women or teenagers suffer from unexpected pregnancy so that they have rights to be happy with their decisions.

↳ **찬성** _ 저는 100% 찬성합니다. 여성들은 자기들이 원하는 것에 대해 결정할 권리가 있습니다. 몇몇 여성들과 십대들은 예상치 못한 임신에 고통을 받게 되는데 이러한 자신의 선택에 의해서 행복해질 권리가 있습니다.

Opinion 04

낙태의 부작용이 있어요.

Cons

But abortion is not always the best answer. Abortion can have side effects in psychological and physical ways. When it comes to psychological side effects, they might struggle with feelings of regrets, shame and depression about decision they've made. Also when it comes to the physical side effects, they have possibility of miscarriage, premature birth and complications of abortion later in their lives

↳ **반대** _하지만 낙태가 항상 정답은 아닙니다. 낙태는 신체적, 정신적으로 부작용이 올 수 있습니다. 정신적으로는 후회, 수치심 그리고 그 결정에 대한 우울증과 싸워야 할지도 모릅니다. 또한 신체적으로 높은 유산의 가능성, 조산 그리고 추후 합병증을 유발할 수도 있습니다.

TIP
But ~ is not always the best answer는 "항상 ~ 이 최선은 아니다"라는 표현을 쓰고 싶을 때 사용할 수 있는 어구입니다.

Opinion 05

> 미혼모들을 생각해 보세요.

Pros

I know what you mean but there are so many single mothers especially teenagers. Normally they quit their study. And face with shortage of money and social prejudices. Some teenagers abandon their babies because of the difficulties. At least we can prevent from worst scenarios with abortion.

↳ **찬성** _무슨 말씀인지 알겠지만 특히 십대 미혼모들이 매우 많습니다. 일반적으로 그들은 학업을 중단하게 됩니다. 그리고 돈의 부족과 사회적 편견에 부딪힙니다. 몇몇 십대들은 어려움 때문에 아기를 버리기도 합니다. 최소한 낙태로서 최악의 상황을 예방할 수 있습니다.

Opinion 06

> 버려진 아기들도 행복해야 할 권리가 있어요.

Cons

Now government does their best to improve the single mother law. Also babies have rights to have their lives, so adoption could be another answer for the babies with better lives.

↳ **반대** _현재 정부에서 미혼모 법 개선을 위해 많은 노력을 하고 있습니다. 또한 아기들도 그들의 삶을 살 권리가 있기에, 입양이 아기들의 더 나은 삶을 위한 또 다른 방안이 될 수 있을 것입니다.

✚ 단어 체크

- fetus 태아
- murder 살인(행위)
- rape 성폭행
- incest 근친상간
- distrust 불신
- unexpected 예상치 못한
- prejudice 편견

- side effect 부작용
- miscarriage 유산
- premature birth 조산
- complication 합병증
- single mother 미혼모
- abandon 버리다
- adoption 입양

04. Plastic surgery.

예쁘니까 괜찮아~ 성형수술

💬 성형수술 찬반론

성형수술이란 상해 또는 선천적 기형으로 인한 인체의 변형이나 미관상 보기 흉한 신체의 부분을 외과적으로 교정·회복시키는 수술이라고 정의되어 있습니다. 하지만 현재는 본래의 성형수술의 취지보다 남녀를 구분하지 않고 매력적인 외모를 꾸미는 것에 나날이 관심이 커져가고 있습니다. 최근 "ECONOMIST"지는 기사에 한국이 인구대비 1만 명당 6.5건으로 성형시술·수술 1위인 국가라고 밝혔으며, 국제미용성형외과의사협회(International Society of Aesthetic Plastic Surgeons)가 추계한 2011년 성형시술·수술 건수로 따져보았을 때는 미국, 브라질, 중국, 일본, 멕시코, 이탈리아에 이어 7위로 나타났습니다. 성형수술은 자신의 콤플렉스를 극복하여 자신감을 얻을 수 있는 긍정적인 면도 있지만, 수술의 부작용이나 위험성 같은 부정적인 면도 따릅니다.

agree 찬성

- 콤플렉스를 극복해 자신감을 얻을 수 있다.
- 외모가 경쟁력이 될 수 있으며 취업에 도움이 된다.
- 성형수술은 개인에게 선택권이 있다.
- 검증된 의사에게 수술을 받는다면, 부작용과 의료사고를 걱정할 필요가 없다.

disagree 반대

- 외적 아름다움보다 내적 아름다움을 가꿔야 한다.
- 취업을 위해서는 외모보다는 실력을 키워야 한다.
- 나만의 독특한 개성이 무시된다.
- 자칫 성형중독이 될 수 있다.
- 많은 부작용과 의료사고를 유발한다.

디베이트 시나리오 #4

A **Let's discuss how much we know about plastic surgery. Shall we start?**

성형수술에 대해서 얼마나 아는지 이야기해 봅시다. 시작해 볼까요?

Opinion 01

> 성형수술은 자신감 회복에 도움을 줘요.

Pros

It is important to have confidence while living in our lives. I think if plastic surgery could help improve self-confidence and enhance self-esteem, I definitely support to have plastic surgery.

↳ **찬성 _** 우리가 자신감을 갖고 삶을 사는 것이 매우 중요합니다. 만약 성형수술이 자신감과 자부심을 높여줄 수 있다면, 저는 성형수술을 하는 것에 대찬성입니다.

Opinion 02

> 성형수술의 여러 가지 장점이 있어요.

Pros

That's exactly what I'm trying to say. I know people around me did a nose job or double eyelid surgery. It was definitely plus such as having better first impression to others which would help enhance confidence to get a job or to have girlfriends or boyfriends.

↳ **찬성 _** 제가 하고 싶은 말입니다. 저는 주변에 코 성형수술 혹은 쌍꺼풀 수술을 한

TIP
어떤 의견에 대해 동의를 하면서 자기의견을 내세우는 방법은 토론을 할 때 자연스럽게 자신의 주장을 내세우기 좋은 방법입니다.

사람들을 알고 있는데, 그것이 사람들에게 더 좋은 인상을 갖게 되어 자신감 향상과 심지어는 취업을 하고 이성친구를 사귈 때에도 도움이 많이 되었다고 합니다.

Opinion 03

> 내면보다 외면의 아름다움을 갖추어야 해요.

Cons

I beg to differ with you. As you mentioned plastic surgery can help getting a job and having girlfriends or boyfriends. But I think developing your ability is more meaningful matter and also inner beauty is more important than the outward appearance.

↳ **반대** _ 저는 조금 다른 의견을 가지고 있습니다. 성형수술이 취업을 하는 것과 이성 친구를 사귀는 것에 도움이 된다라고 언급을 하셨습니다만, 저는 실력을 키우는 것이 더 의미 있고 또한 내면의 아름다움이 외모보다 더 중요한 것이라고 생각합니다.

Opinion 04

> 사람들의 고유한 개성을 존중해야 해요.

Cons

That's true. People have their own personalities. Sometimes people tend to ignore their own personalities because of outward appearance. We never judge on the way how they look. Therefore, as we are mature human being, we have to respect and understand diversity of their characters including the appearance.

↳ **반대** _ 맞습니다. 사람들은 가지고 있는 고유한 개성이 있습니다. 때때로 사람들은 고유한 개성이 외모 때문에 무시되는 경향이 있습니다. 우리는 절대로 생긴 모습 그대로 평가해서는 안됩니다. 그러므로 성숙한 사람으로서 개성의 다양성과 외양을 존중하고 이해해야 합니다.

Opinion 05

성형수술에는 부작용이 따라요.

Cons

I'd like to add something to it. Having plastic surgery is a big deal. It means you are under anesthesia, you are going under the knife. It might cause medical accidents and side effects. We should be serious when we think about plastic surgery.

↳ **반대** _ 제가 그 의견에 좀더 추가해 보겠습니다. 성형수술은 큰일입니다. 마취상태에서 당신 얼굴에 칼이 왔다갔다 한다는 의미입니다. 이것은 아마도 의료사고와 부작용을 유발할 수 있습니다. 우리는 성형수술에 대해서 좀 더 신중하게 생각할 필요가 있습니다.

Opinion 06

사람들에게는 원하는 것을 선택할 권리가 있어요.

Pros

I guess there's no problem with plastic surgery as long as they want to do it. People have rights to choose what they want. Also there's no problem with medical accidents and side effects if their cosmetic surgeons are qualified.

↳ **찬성** _ 저는 본인이 하고 싶다면 성형수술에 대해 문제가 없다고 생각합니다. 사람은 자기가 원하는 것을 선택하는 권리가 있습니다. 또한 검증된 의사에게서 수술을 받는다면 의료사고와 부작용을 걱정하지 않아도 됩니다.

+ 단어 체크

- self-confidence 자신감
- self-esteem 자부심
- nose job 코 성형수술
- double eyelid surgery 쌍꺼풀 수술
- inner beauty 내면의 아름다움
- anesthesia 마취
- qualified 검증된
- outward appearance 외모

찬성 혹은 반대

05. Eating dog meat.
친구일까? 음식일까? 개고기 식용화

💬 개고기 식용 찬반론

　남도 지방에는 "사돈양반이 오시면 개를 잡는다"라는 말이 있습니다. 개고기는 그만큼 우리나라 문화에서는 귀한 손님께 대접할 만큼 귀했던 고기임을 짐작할 수 있습니다. 하지만 2002년 한일월드컵을 전후로 프랑스 여배우인 "브리지트 바르도"가 한국의 개고기 식용을 비하하고 비난하기도 하였습니다. 심지어 1988년 서울올림픽, 2002년 한일월드컵 그리고 최근 2018년 평창 동계올림픽까지 국가적인 행사마다 한국과 개고기의 논란은 계속되고 있습니다. 한국의 고유한 음식문화일까? 아니면 개는 그냥 친구, 가족 같은 반려견일까? 매년 초복이 다가오면 개고기 식용 논란은 계속 되풀이되고 있습니다.

- 다른 나라도 개고기를 식용으로 하고 있다.
- 개고기를 먹는 문화는 개인적인 취향이며 고유한 문화이다.
- 소와 돼지 같이 식용으로 사용하는 다른 동물과 다를 것이 없다.
- 개고기는 영양이 좋은 보양식이다.
- 윤리적으로 전혀 문제가 되지 않는다.

- 개는 사람과 가장 가까운 반려동물이다.
- 도축 방법과 유통과정이 비위생적이다.
- 예전과 달리 개고기 이외에도 섭취할 다른 육류가 충분히 있다.
- 한류에 나쁜 영향을 준다.
- 개고기는 과학적으로 보양식이라는 근거가 전혀 없다.

디베이트 시나리오 #5

A ▸ **Today's topic will be about eating dog meat. Anyone wants to go first?**

오늘은 개고기 식용에 관련한 주제입니다. 어느 분께서 먼저 시작하시겠습니까?

Opinion 01

> 개는 우리의 친구예요.

Cons▸

I strongly have an opposite idea of eating dog meat. Dogs are our friends, and also I have a little puppy at home. He can feel and express like a human such as when they are sick or hungry. I never imagine killing my friend. Also they are companion animals in our lives.

↳ 반대 _ 저는 개고기 식용에 강력히 반대합니다. 개들은 우리의 친구입니다 또한 저는 집에 작은 강아지가 있는데 강아지 또한 사람과 같이 아프거나 배고픔을 느낍니다. 저는 친구를 죽이는 상상을 절대 할 수 없습니다. 또한 그들은 우리 삶의 반려동물이기도 합니다.

Opinion 02

> 다른 나라에서도 개고기는 식용으로 쓰여요.

Pros▸

I think a pig and a cow are our friends as well. In other words,

TIP
"Strongly", "Perfectly", "Exactly", "Absolutely" 등을 넣어 이야기하면, 의견을 더욱 더 강력하게 지지하는 느낌을 줍니다.

animals are all same. Not only Korean but also other people in China, Vietnam, and the Philippines also eat dog meat.

↳ **찬성** _ 저는 돼지와 소도 우리의 친구라고 생각합니다. 하지만 동물은 다 같은 동물입니다. 심지어 한국뿐만 아니라 중국, 베트남 그리고 필리핀 같은 나라에서도 개고기를 먹고 있습니다.

Opinion 03

우리는 나라마다 가지고 있는 음식문화를 존중해야 해요.

Pros

That's right. We should respect and accept other countries' traditional food culture. Dog meat is another kind of meat like pork, beef and chicken. For example, there's kangaroo meat in Australia and horse meat in France. Some people say dog meat is cruel but let's think what make it cruel.

↳ **찬성** _ 그렇습니다. 우리는 각 나라마다 가지고 있는 독특한 음식문화를 존중하고 이해해야 합니다. 개고기는 돼지고기, 소고기 그리고 닭고기와 같이 고기의 한 종류입니다. 예를 들자면, 호주에는 캥거루 고기가 있고 프랑스에는 말고기가 있습니다. 사람들이 말하길 개고기가 잔인하다고 하는데 어떤 것이 잔인한지 생각해 봅시다.

Opinion 04

위생적인 고기를 먹어야 해요.

Cons

As you know there are normal meats like pork, beef and chicken. I'd like to point that we should eat normal meat from hygienically slaughtered cattle. Plus, you should know that slaughting a dog is not hygiene at all.

↳ **반대** _ 아시다시피 일반적인 고기에는 돼지고기, 소고기 그리고 닭고기 같은 것들이 있습니다. 위생적으로 도살된 일반적인 고기를 먹는 것은 어떨까요? 게다가 여러분이 알아야 할 것은, 개를 도살할 때 전혀 위생적이지 않다는 것입니다.

TIP
"As you know~" 다음에는 사람들이 일반적으로 알고 있는 사실을 근거로 이야기하여 주장을 내세웁니다.

Opinion 05

> 개고기에는 많은 영양소가 있어요.

Pros

I can understand that, but we have a right to eat what we want. Also dog meat has so much nutrition. So we can get diverse nutrition from dog meat.

↳ **찬성** _ 그 부분은 이해가 가지만, 우리는 우리가 먹고 싶은 것을 먹을 권리가 있습니다. 또한 개고기에는 많은 영양소가 있습니다. 그래서 우리는 개고기를 섭취함으로써 영양소를 얻을 수 있습니다.

TIP
반대의 의견을 내세우되 상대방을 존중하며 부정적인 느낌을 주지 않는 표현을 적절히 사용합니다.

Opinion 06

> 개고기에 영양소가 있다는 근거는 없어요.

Cons

Yes, you've got a point but there's no basis that dog meat has lots of nutrition. Therefore it's better to eat something that proven meat and food. Lastly, we should consider the image of the country. As "Korean waves" get more popular in the world, eating dog meat could bring bad effect on Korea's image.

↳ **반대** _ 좋은 지적이십니다. 하지만 개고기에 많은 영양소가 있다는 근거는 없습니다. 그러므로 무언가 증명된 고기나 음식을 먹는 것이 낫습니다. 마지막으로, 우리는 국가의 이미지를 간과할 수 없습니다. 우리는 현재 "한류"로 유명세를 타고 있는데, 개고기를 먹는 것이 한류에 나쁜 이미지를 가져올 것입니다.

+ 단어 체크

- companion animals 반려동물
- cruel 잔인한
- hygiene 위생
- slaughter 도살, 도살하다
- nutrition 영양소
- Korean waves 한류

06. Death penalty.

인권존중? 죄값 치르기? 끝나지 않은 논란. 사형제도

 사형제도 찬반론

　사형제도(capital punishment, death penalty, execution)는 살인이나 큰 범죄를 저지른 자에게 생명을 박탈하는 제도를 말합니다. 현재 이 제도는 많은 나라에서 폐지되어 무기징역 또는 종신형으로 대체가 된 상태이지만, 아직까지도 사우디아라비아, 이란, 북한, 중국에서는 공개처형의 형태로 사형이 집행되고 있습니다. 사형제도가 범죄 예방에 큰 효과가 있어 찬성하는 자들과 일부 인권존중과 법원의 오판 문제를 꼬집으며 반대하는 자들이 팽팽하게 대립하고 있습니다.

---

agree 찬성  disagree 반대

- 사람들에게 범죄에 대한 경각심을 일깨워 범죄예방의 효과를 줄 수 있다.
- 종신형 범죄자에게 많은 비용이 든다.
- 범죄자가 피해자 가족들에게 보복을 가할 가능성을 줄일 수 있다.
- 사형수가 죽지 않고 살아 있다면 사회적으로 불안이 가중될 것이다.

- 사형제도가 있어도 범죄는 생긴다.
- 사형이 경제적인 비용을 줄이기 위해 이루어져서는 안 된다.
- 생명은 무엇보다도 소중한 것이며 범죄자의 인권도 존중해 주어야 한다.
- 판사의 오심의 경우에 돌이킬 수 없는 문제가 된다.

디베이트 시나리오 #6

A I guess we can start now. Let's talk about death penalty.

이제 시작해 볼까요? 자, 사형제도에 대해서 이야기해 봅시다.

Opinion 01

> 사회를 통제할 엄격한 법이 필요해요.

Pros

I support death penalty. Now we are living in full of crimes. Therefore we need something strict rules that keep people alert. So that we can prevent from crime with the strict law.

↳ **찬성 _** 저는 사형제도를 찬성합니다. 지금 우리는 범죄에 둘러싸여 살고 있습니다. 그러므로 사람들이 경각할 수 있는 무언가 엄격한 법이 필요합니다. 그래서 우리는 그 엄격한 법으로 범죄를 예방할 수 있습니다.

TIP

"I support" 다음에는 본인이 지지하는 의견을 이야기합니다.

Opinion 02

> 사형제도가 시행되어도 범죄는 일어나요.

Cons

I don't think death penalty can prevent from crime. Even there's no credible evidence that death penalty deters crime effectively. It means crime happens anyway, even death penalty is enforced.

↳ **반대 _** 저는 사형제도가 범죄를 예방한다 생각하지 않습니다. 심지어 사형제도가 범죄를 효과적으로 막는다는 믿을 만한 근거도 없습니다. 이 의미는 사형제도가 시행되어도 범죄는 항상 일어나고 있다는 것입니다.

Opinion 03

> 오판의 가능성이 있어요.

Cons

Yes, that's true. I think human being is not a perfect creature. Therefore it has possibility of misjudgment. So, sometimes some people have been freed from the penalty because they were proven innocent later. imagine, if innocent people die because of misjudgment!

↳ **반대 _** 네, 맞습니다. 사람은 완벽한 존재가 아니라고 생각합니다. 그렇기 때문에 오판의 가능성이 있습니다. 그래서 때때로 몇몇 사람들이 무죄로 판결되어 이후 자유로워지기도 합니다. 죄 없는 사람들이 오판 때문에 죽는 것을 생각해 보십시오.

Opinion 04

> 사형제도에 많은 비용이 들어요.

Pros

I partly agree but it's only few cases which are getting improved gradually. However, I want to focus on the cost of death penalty which is so expensive. It costs more than 20 million won per person a year. The money comes from our taxes which is not fair. We have to spend the money for poor people, not for criminals.

↳ **찬성 _** 저는 그 의견에 부분적으로 동의하나 오직 소수의 경우이며 현재 서서히 개선되고 있습니다. 그러나 제가 중점을 두고 싶은 것은 사형제도에 많은 비용이 쓰인다는 것 입니다. 1명당 1년에 2천만 원 이상의 비용이 듭니다. 그 돈은 우리의 세금에서 나옵니다. 우리는 그 돈을 범죄자가 아닌 가난한 사람들을 위해 써야 합니다.

TIP
반대의 의견을 내세우되 상대방을 존중하며 부정적인 느낌을 주지 않는 표현을 적절히 사용합니다.

Opinion 05

> 생명은 소중해요.

Cons·

There's no way of proceeding death penalty for saving costs. All lives are precious and they have rights to live as human beings. Even if they are criminals, we should respect their human rights.

↳ **반대** _ 비용을 줄이기 위해서 사형제도를 진행하는 것은 안됩니다. 모든 생명은 소중하고 인간으로서 살 권리를 가지고 있습니다. 아무리 범죄자라 할지라도 우리는 그들의 인권을 존중해 주어야 합니다.

Opinion 06

> 사형제도는 보복의 가능성을 최소화해 주어요.

Pros·

I agree that human being has a right but not for brutal criminals. Death penalty could minimize possibility of revenge. Also, it causes social unrest as long as criminals are alive.

↳ **찬성** _ 저는 인간에게 권리가 있다는 것에 찬성을 하지만 흉악범에게는 아닙니다. 사형제도가 보복의 가능성을 최소화할 수 있습니다. 또한, 범죄자가 살아 있다면 사회적 불안을 야기시킵니다.

➕ 단어 체크

- **crime** 범죄
- **prevent** 예방하다
- **alert** 조심성 있는, (문제, 위험을) 경계하는
- **credible** 믿을 만한
- **evidence** 증거
- **deter** 단념시키다, 막다
- **enforce** (법이) 시행되다
- **misjudgment** 오판
- **innocent** 죄 없는
- **brutal criminal** 흉악범
- **minimize** 최소화하다
- **revenge** 보복
- **social unrest** 사회적 불안

07. Using Smart phones for children.
스마트폰 없이는 스마트하지 않다? 어린이 스마트폰 사용

 스마트폰 사용 찬반론

"미래창조과학부"가 최근 "2013년 인터넷중독 실태조사"를 발표하였는데, 결과에 따르면 10~19세 청소년 5명 중 1명은 스마트폰 중독이며 이들은 하루 평균 약 7.3시간 동안 스마트폰을 하고 있다고 발표했습니다. 특히 수업시간에 무분별하게 이용하는 스마트폰 때문에 교사와 학생 간의 갈등 그리고 또래 간의 갈등도 유발하고 있습니다. 하지만 다양한 콘텐츠의 활용으로 교육에 많은 도움이 되며, 스마트폰의 위치추적과 같은 앱(application)으로 인해 아이들이 보다 위협적 요소에서 안전하게 지낼 수 있는 장점 또한 가지고 있습니다.

 agree 찬성

- 많은 콘텐츠를 가지고 있어서 편리하다.
- 인터넷 강의를 통한 교육은 금전적, 시간적으로 많은 도움을 준다.
- 게임을 통해서 스트레스를 해소할 수 있다.
- 위치추적이 가능하므로 아이들을 위해 안전하다.

 disagree 반대

- 아이들의 사회성과 의사소통 능력을 떨어뜨리게 한다.
- 아이들을 개인주의로 만들어 준다.
- 게임에 중독되기 쉽고 수업의 집중도를 떨어뜨린다.
- 유해매체 접속을 위해서 부모나 타인의 주민등록번호를 죄의식 없이 도용할 수 있다.

디베이트 시나리오 #7

A Let's begin today's discussion about using smart phones for children.

자, 지금부터 아이들의 스마트폰 사용에 관련하여 토론을 시작해 보겠습니다.

Opinion 01

스마트폰의 위치추적 기능이 아이들을 보호해 주어요.

Pros

I support using smart phones for children. Because recently many kidnappings happen which threatens all young kids. I think smart phones can protect and solve this problems with location tracking system.

↳ **찬성** _ 저는 아이들이 스마트폰을 쓰는 것을 찬성합니다. 왜냐하면 요즘 납치가 많이 일어나고 있으며 모든 어린아이들을 위협합니다. 저는 스마트폰의 위치추적 기능이 이것의 해결책을 가지고 보호할 수 있을 것이라고 생각합니다.

Opinion 02

스마트폰은 아이들의 사회성과 의사소통 능력을 떨어뜨려요.

Cons

Yes, you've got a point but we can also avoid kidnapping with training and informing kids to be alert. I think smart phones make children less socialized and have lack of communication. Human

TIP
반대의 의견을 내세우되 상대방을 존중하며 부정적인 느낌을 주지 않는 표현을 적절히 사용합니다.

relationships can be developed by communication. However, as you can easily find out that people less talk and only watch smart phones even with their friends or family.

↳ **반대** _네, 좋은 지적입니다만 우리는 아이들이 조심할 수 있도록 교육이나 정보제공을 통해 납치를 피할 수도 있습니다. 저는 스마트폰이 아이들의 사회성과 의사소통 능력을 떨어지게 만든다고 생각합니다. 인간관계는 대화를 하면서 발전합니다. 그러나 요즘 사람들이 친구나 가족들과 있을 때조차 말보다는 스마트폰에 집중하는 것을 쉽게 볼 수 있습니다.

Opinion 03

스마트폰은 아이들을 개인주의로 만들어요.

Cons

Definitely. I want to add your idea. Also, smart phones make children individualized. When I was young, I was very busy and happy to play with friends. After school, we played together in the playground and shared our stories. But now, young kids sit and just tic tec. It means there is either no communication or sharing emotion.

↳ **반대** _맞습니다. 그 의견에 추가하고 싶은 부분이 있습니다. 또한, 스마트폰은 아이들을 개인주의로 만듭니다. 제가 어렸을 적에는 친구들과 노느라 매우 바쁘고 행복했습니다. 방과후 모두 모여 놀이터에서 뛰어 놀고 서로 이야기를 나누기도 했습니다. 하지만 지금 어린아이들은 앉아서 스마트폰만 누릅니다. 이것은 의사소통과 감정교류가 없다는 뜻입니다.

Opinion 04

스마트폰에는 많은 교육적 콘텐츠가 있어요.

Pros

As you know, in past more than decades, we have to accept many changes. I want to focus on educational contents that smart

TIP
본인이 지지하는 의견에 대한 의견을 첨가할 때 쓰는 표현은 본서 "part 1. Basic expression"의 〈6. 다른 사람의 의견에 자신의 의견을 덧붙일 때〉를 참고하고, 더 익히도록 합시다.

phones have. It helps saving time and money by watching the programs. More and more, there are so many applications such as English news, dictionaries and downloading educational programs which help kids have motivation for study.

↳ **찬성** _ 아시다시피 10년 이상이 지났고, 우리는 변화를 받아들여야 합니다. 저는 스마트폰이 가지고 있는 교육적 콘텐츠에 주목하고 싶습니다. 스마트폰으로 프로그램을 시청하면 시간과 돈을 아끼는 것을 도와줍니다. 더욱이 영어뉴스, 전자사전 그리고 교육 프로그램을 다운로드할 수 있는 앱들이 공부하기 더 좋은 환경으로 만들어줍니다.

Opinion 05

> 현재 스마트폰 중독이 큰 이슈예요.

Cons

However, we have to think about smart phone addiction. According to the report from "Ministry of science, ICT and future planning", 1 out of 5 is addicted smart phone already in the age of 10~19 years old. It is a very serious issue. They might not even be able to concentrate on their study.

↳ **반대** _하지만 스마트폰 중독을 생각해 보아야 합니다. "미래창조과학부"의 연구에 따르면, 10~19세에서 이미 5명 중 1명은 스마트폰 중독이라고 합니다. 이것은 매우 심각한 문제입니다. 심지어 공부도 집중을 하지 못할 것입니다.

TIP
"미래창조과학부"라는 정확한 출처를 통해 신뢰도 있는 의견을 제시할 수 있습니다.

Opinion 06

> 범죄에 연루될 수 있어요.

Cons

Plus, to access harmful media, teenagers could use their parents' or others' IDs illegally which is an obvious crime.

↳ **반대** _게다가, 심지어 유해매체에 접속하려고 부모 혹은 다른 이의 주민등록번호를 도용하기도 하는데, 이것은 명백한 범죄입니다.

TIP
"Plus"라는 간단한 접속사를 이용해서 자신의 의견을 더할 수 있습니다.

Opinion 07

스마트폰은 스트레스 해소에 도움을 주어요.

Pros

But I guess, if schools and parents train kids how to use smart phone properly, there is no need to worry about cons too much. Because sometimes playing a game with smart phones could release their stress.

↳ **찬성** _ 하지만 저는 학교나 가정에서 스마트폰을 올바르게 쓰는 방법을 교육한다면, 부정적인 부분을 너무 걱정하지 않아도 된다고 생각합니다. 때때로 휴대폰으로 하는 게임이 스트레스 해소에 도움이 되기 때문입니다.

＋ 단어 체크

- kidnapping 납치
- threaten 위협하다
- location tracking system 위치추적 기능
- individualized 개별화된
- tic tec 스마트폰 두드리는 소리

- content 콘텐츠(내용)
- concentrate on ~에 집중하다
- steal 훔치다, 도용하다
- harmful media 유해매체
- release stress 스트레스 풀다

08. Smoking ban in public.

흡연자는 이제 어디로? 공공장소 금연

 공공장소 금연 찬반론

흔히 담배의 앞면 경고문에는 흡연이 폐암 등 각종 질병의 원인이며 담배를 삼가라고 쓰여져 있습니다. 이렇게 나쁜 요소가 있음에도 불구하고 현재 흡연율은 크게 줄지 않고 있습니다. 흡연이 암과 심장질환 등의 사망위험을 높이는 매우 중요한 요소임은 이미 여러 연구결과를 통해서 과학적으로 입증이 되었습니다. 또한 간접흡연에 의한 피해로 공공장소의 흡연법 그리고 담뱃값 인상과 벌금을 늘리는 등 금연관련 법률에 힘을 쓰고 있습니다. 하지만 흡연자들 또한 개인의 기호와 권리를 존중해 달라며 팽팽하게 의견을 대립하고 있습니다.

---

agree 찬성

- 간접흡연의 피해를 예방할 수 있다.
- 국민 건강을 증진시키는 공익 효과 증대를 위해서 필요하다.
- 금연함으로써 경제적으로 도움이 된다.
- 공기오염이나 불의 위협에서 자유로워질 수 있다.

disagree 반대

- 흡연자에게도 권리와 개인의 기호가 있다.
- 흡연부스의 설치비용이 부담된다.
- 관련 자영업자들에게 생계의 위협이 될 수 있다.
- 흡연자들은 술이나 다른 나쁜 것으로 담배 피우는 것을 대체할 가능성이 있다.

디베이트 시나리오 #8

A Good morning ladies and gentlemen. Shall we start?

안녕하세요. 토론을 시작해 볼까요?

Opinion 01

간접흡연이 건강에 더 안 좋아요.

Pros

Let me tell you what I think about this topic. I agree with smoking ban in public. As I am a non smoker, I feel unpleasant when I smell smoking by someone next to me, and sometimes I feel dizzy after that. According to the article from "World Health Organization(WHO)", a secondhand smoker has the same effect as a smoker which is even more harmful. Thus, to avoid the damage of secondhand smoking, we should ban smoking in public.

↳ **찬성** _제가 이 주제에 대한 이야기를 해보겠습니다. 저는 공공장소 금연을 찬성합니다. 저는 비흡연자로서 누군가가 담배 피우는 냄새를 맡으면 불편하고 이후 어지러움을 느낍니다. "세계보건복지부"의 기사에 따르면, 간접흡연은 흡연과 똑같은 효과가 있으며 심지어 더 해롭다고 합니다. 그러므로 간접흡연의 피해를 줄이기 위해서는 우리는 공공장소의 흡연을 금지해야 합니다.

Opinion 02

개인의 기호를 존중해야 해요.

Cons

But as you know, people have personal rights and tastes. It is

TIP
"WHO"라는 의견에 대한 출처를 확실히 밝혀 의견에 대한 신뢰도를 높일 수 있습니다.

totally against their freedom of choice. Moreover if only smoking is banned, other substance such as alcohol could be replaced.

↳ **반대** _하지만 사람에게는 권리와 개인의 기호가 있습니다. 이것은 절대적으로 선택의 자유를 반하는 것입니다. 더욱이 담배만 금지한다면, 술과 같은 또 다른 어떤 것이 담배를 대신해 대체될 것입니다.

Opinion 03

> 어떤 이들에게는 실업을 줄 수 있어요.

Cons

I totally agree with your idea. Though the smoking ban might good idea to control potential dangers, but it is not a good news for people working in the tobacco industry. People may lose their jobs which would bring about rising unemployment rate.

↳ **반대** _ 저도 당신 의견에 동의합니다. 흡연을 금지하는 의견이 잠재적인 문제를 조절하는데 좋을지도 모르지만, 그것이 흡연과 관련된 사업을 하는 사람들에게는 아마 좋은 의견이 아닐 것 같습니다. 사람들은 아마 직업을 잃게 되고 실업률은 높아지게 될 것입니다.

Opinion 04

> 건강 증진에 도움을 줘요.

Pros

I can understand that, but we have to think about the majority of people. Banning smoking in public helps improve many people's health condition. Because there is no need to worry about second hand smoking.

↳ **찬성** _ 저는 그 부분도 이해가 가지만 다수를 생각해 보아야 합니다. 공공장소의 금연이 많은 사람들의 건강을 증진시키는 데 도움을 줄 것입니다. 왜냐하면 간접흡연을 걱정할 필요가 없기 때문입니다.

TIP
반대의 의견을 내세우되 상대방을 존중하며 부정적인 느낌을 주지 않는 표현을 적절히 사용합니다.

Opinion 05

경제적으로 도움을 주어요.

Pros

That's true. Also it helps economically. Because tobacco is quite expensive. If you save this money, it helps economically.

↳ **찬성** _ 맞습니다. 또한 경제적으로도 도움이 됩니다. 왜냐하면 담배는 꽤 비쌉니다. 만약 그 돈을 절약하게 된다면 경제적으로 많은 도움이 될 것입니다.

Opinion 06

담배연기는 주변 공기오염의 주범이에요.

Pros

I have the same thought as you. I support smoking ban in public because smoking might be a cause of fire in any place which is so dangerous. Moreover the smokers exhale harmful substance from smoke that pollutes the air around.

↳ **찬성** _ 저도 같은 생각입니다. 저는 공공장소의 금연을 지지하는데 왜냐하면 흡연은 어디에서 화재의 원인이 될 수 있기 때문입니다. 더욱이 담배연기를 내뱉었을 때 나오는 성분들이 주변 공기를 오염시키게 됩니다.

+ 단어 체크

- **non smoker** 비흡연자
- **dizzy** 어지러움
- **harmful** 해로운
- **substance** 물질, 성분
- **replace** 대체하다
- **majority** 다수의
- **exhale** (숨을) 내쉬다

09. Circus animals.

동물에게도 권리를! 동물 서커스 (동물쇼)

💬 동물 서커스 찬반론

현재 우리나라에서는 약 4개의 수족관과 동물원에서 원숭이, 물개, 새, 코끼리 등이 주종을 이루며 서커스를 하고 있습니다. 하지만 현재 동물법과 다른 다채로운 오락이나 쇼의 증가로 인해, 동물 서커스는 전 세계적으로 감소하는 추세에 있습니다. 또한 기본적으로 척추동물의 서커스를 규제하고 있는데, 그 이유는 척추동물이 인간과 비슷하게 고통과 스트레스를 경험하기 때문입니다. 이에 아이들의 교육적으로나 정서적으로 도움이 많이 되기 때문에 찬성하는 사람들과 동물들의 권리를 위해 반대하는 사람들이 팽팽하게 대립하고 있습니다.

---

agree 찬성

- 스페인의 투우 같이 전통적으로 내려오는 문화도 있다.
- 동물과 조련사들이 훈련을 통해서 교감을 느낄 수 있다.
- 조련사에게는 서커스가 생계이기도 하다.
- 서커스는 아이들에게 교육적으로나 정서적으로 도움이 많이 된다.

disagree 반대

- 동물에게도 권리가 있으며 존중해야 한다.
- 훈련을 하다가 죽는 동물들이 많으며, 이것은 분명 학대이다.
- 최근 동물들이 스트레스를 받아 서커스 중에 조련사를 해치는 경우가 많다.
- 서커스는 동물들을 상업적으로만 이용하는 행동이다.

디베이트 시나리오 #9

A All right, let's begin our discussion. We are going to talk about pros and cons of circus animals.

좋습니다. 자 지금부터 토론을 시작해 보겠습니다. 동물 서커스 쇼에 관련해 찬성과 반대의 이야기를 진행해 보도록 하겠습니다.

Opinion 01

아이들에게 도움을 줘요.

Pros

I support circus animals. When I was young, I used to watch the animal show and I was very excited with that. Also, It was totally different world and I knew animals are lovely just like a human being. I guess it helps kids educationally and emotionally.

↳ **찬성** _ 저는 동물 서커스를 찬성합니다. 제가 어렸을 적에 동물쇼를 보러 간 적이 있었는데 그것을 보고 매우 즐거웠습니다. 또한 그것은 전혀 다른 세계였고 동물이 사람과 같이 사랑스러운 존재라는 것을 알게 되었습니다. 제 생각에는 그것이 교육적으로나 정서적으로 아이들에게 도움이 된다고 생각합니다.

TIP
본인의 경험에 대해서 이야기를 하며 의견을 내세우는 방법이 상대방의 이해를 높이며 설득을 원활하게 할 수 있게 도울 수 있습니다.

Opinion 02

> 동물과 교감을 할 수 있어요.

Pros

Plus, Just one more thing, even when a trainer trains animals, they can share with each other's feelings which make them closer. In addition, through the training, animals will improve themselves and be loved by people.

↳ **찬성** _ 한 가지 더 말해 보자면, 조련사가 동물을 조련할 때, 서로 교감을 느끼게 되어 더 친밀하게 됩니다. 게다가, 조련을 통해서 동물들은 자기자신을 발전시킬 수 있고 사람들에게 사랑을 받게 될 것입니다.

Opinion 03

> 동물들도 권리가 있어요.

Cons

I have a little bit different idea from you. I am against of circus animals. We have to know animals have own rights. Although they cannot talk and express their feelings, we have to consider their rights. Moreover, we sometimes hear the news that animals kill trainers due to the stress from the show. It could happen in near future again.

↳ **반대** _ 저는 당신과 조금 다른 의견을 가지고 있습니다. 저는 동물 서커스에 반대합니다. 우리는 동물들도 권리가 있다는 것을 알아야 합니다. 비록 그들이 말하고 표현을 못할지라도 우리는 그들의 권리를 생각해 보아야 합니다. 게다가 동물들이 스트레스 때문에 쇼 중에 사육사들을 죽인 뉴스를 볼 수 있었습니다. 다시 곧 똑같은 일이 발생할 수도 있습니다.

TIP
뉴스 혹은 미디어에서 접한 이야기를 경험에 덧붙여 전달하거나, 그것이 근거가 있는 이야기라면 설득력이 높은 의견이 될 수 있습니다.

Opinion 04

> 많은 동물들이 희생되요.

Cons

That's right. I read the article that there are so many animals died while they get trained. It is a definitely sad story that never happens again.

↳ **반대** _ 맞습니다. 제가 읽은 기사는 많은 동물들이 조련을 받으면서 죽어간다는 것이었습니다. 그것은 명백히 다시 일어나지 말아야 하는 슬픈 이야기입니다.

Opinion 05

> 서커스는 동물을 상업적 도구로 이용해요.

Cons

Also, we have to know about the purpose of circus animals. I think it is just for entertaining by using animals commercially. In other words, animals are just commercial tools.

↳ **반대** _ 또한 우리는 동물 서커스의 목적에 대해서 알아야 합니다. 저는 그것이 단순히 인간들의 즐거움을 위해 그리고 단지 상업적으로 사용되고 있다고 생각합니다. 이 말은, 동물들이 단순히 상업적 도구로 쓰인다는 의미입니다.

Opinion 06

> 어떤 다른 나라에서는 전통적인 문화에요.

Pros

I can understand that, but I have a different idea. Some cultural traditions are founded for entertainment purposes. Bullfighting is legal in Spain, Mexico and some parts of France. Even bullfighting is totally cruel, it is accepted as traditional culture.

TIP
문화적인 부분을 언급하는 것은 민감한 부분일 수 있으니, 늘 존중하고 이해하는 태도로 언급하는 것이 좋습니다.

↳ **찬성** _ 당신의 의견은 이해하지만 저는 다른 의견을 가지고 있습니다. 몇몇의 문화적 전통은 즐거움을 목적을 두고 있는 것을 알 수 있습니다. 투우는 스페인, 멕시코 그리고 프랑스 일부에서 합법적으로 관행되고 있습니다. 투우가 잔인할지라도 그것은 전통적인 문화입니다.

Opinion 07

> 동물들과 조련사에게 모두 좋은 일이에요.

Pros

Well, I'm with you on those pros on circus animals. By doing circus animal shows, animals could be fed by the trainers in safe, and trainers can get a job. It is kind of helping each other.

↳ **찬성** _ 네, 저는 동물 서커스에 찬성합니다. 제 생각에는 동물 서커스를 함으로써, 동물들은 조련사에게 사육 당하며 안전하고 또한 조련사들은 동물들 때문에 직업을 가질 수 있게 됩니다. 이것은 서로 상부상조 격이 됩니다.

✦ 단어 체크

- trainer 조련사
- train 훈련하다
- commercial tool 상업적 도구

- entertainment 즐거움
- bullfighting 소싸움(투우)

10. Living together before marriage.

사랑의 이름으로! 혼전 동거

💬 혼전 동거 찬반론

우리 사회가 혼전 동거에 대한 인식이 많이 변화되고 있는 가운데, 이런 사회적 분위기에 맞추어 TV에서도 동거생활을 다루는 많은 프로그램들이 방영되고 있습니다. 하지만 아직 우리 사회에는 유교사상의 영향으로 아직도 혼전 동거에 대한 부정적인 경향을 가지고 있는 실정입니다. 최근 20~30대 젊은 층 사이에서는 많은 사람들이 긍정적인 시각을 더 가지고는 있지만, 실제 일부는 동거를 시작해도 주변을 의식하여 비밀로 하는 경우도 많습니다. 경제적으로나 결혼하기 전에 상대방을 더 잘 알 수 있어 이혼율을 줄일 수 있다는 장점을 가지고 있으나, 법적으로 보호를 받지 못해 일부 무책임한 결과를 초래하기도 합니다.

agree 찬성

- 결혼비용보다 경제적이며 생활비가 덜 든다.
- 결혼 전에 상대방을 알 수 있어 이혼율을 줄일 수 있다.
- 결혼보다 심리적인 부담을 줄일 수 있다.
- 이미 일부에서는 일반적으로 행해지고 있다.

disagree 반대

- 결혼보다 헤어질 확률이 더 높기 때문에 무책임한 행동이다.
- 낙태와 사회문제를 증가시킨다.
- 비윤리적인 행동이다.
- 부모 세대와 갈등을 가져올 수도 있다.

디베이트 시나리오 #10

A **Are you ready to talk about living together before marriage?**
혼전 동거에 대해서 이야기할 준비가 되셨습니까?

Opinion 01

서로를 잘 알 수 있어요.

Pros

In my opinion, I think there are many advantages of living together before marriage. First living together will save money, so they can achieve for their financial goal. Second, it can reduce divorce rate. After living together, couples could get to know each other and figure out how they solve the difference. Thus, I think it is helpful before getting marriage.

↳ **찬성** _ 제 의견은, 혼전 동거에 많은 이점이 있다고 생각합니다. 첫째로, 함께 사는 것은 돈을 모을 수 있기 때문에 경제적인 목표를 이룰 수 있습니다. 둘째로, 사람들의 이혼율을 줄일 수 있습니다. 커플이 함께 지낸 이후로 서로를 알게 되고 어떤 식으로 스스로를 해결해야 하는지 알게 됩니다. 그렇기 때문에 혼전 동거가 결혼 전에 도움이 된다고 생각합니다.

TIP
의견을 내세울 때는 상대방을 배려하는 마음으로, 2가지 이상의 의견을 한꺼번에 내어 주도권을 독점하지 않도록 주의합니다.

Opinion 02

쉽게 헤어질 수 있어요.

Cons

I believe living together before marriage is very irresponsible. Actually it has high possibility of breaking up. Without under the marriage registrations, couples might decide to break up easily. We must remind that it is not a playing house, it should be considered seriously and carefully.

↳ **반대** _ 저는 혼전 동거가 매우 무책임하다고 생각합니다. 실제로 헤어짐의 높은 가능성이 있습니다. 혼인신고 없이 동거할 경우 이별을 쉽게 결정할 수 있습니다. 우리는 항상 혼전 동거가 소꿉놀이가 아니며, 이것을 심각하고 조심스럽게 고려해야 합니다.

Opinion 03

혼전 동거의 많은 부작용이 있어요.

Cons

I agree 100%. If a couple live together, it has possibility of pregnancy. But many people don't want to have baby before getting married, and decide to do abortion. Also it is one of the fact that increasing social problems.

↳ **반대** _ 저도 찬성합니다. 만약 커플이 함께 살면 임신할 가능성이 있습니다. 하지만 많은 사람들은 결혼 전에 아기 낳기를 원하지 않기 때문에 몇몇 커플들은 낙태를 감행합니다. 또한 이것은 사회문제를 증가시키는 요소 중의 하나입니다.

Opinion 04

이제 혼전 동거는 일반적이에요.

Pros

As far as I know, many people live together before marriage nowadays. People have rights to live on their own way. Moreover we are living in the 21st century, so there is no negative thinking in that part.

↳ **찬성** _ 제가 알기에는 요즘 많은 사람들이 혼전 동거를 하고 있습니다. 사람들은 자기가 원하는 것을 하면서 살아야 할 권리가 있습니다. 지금 우리는 21세기에 살고 있습니다. 그렇기 때문에 혼전 동거를 부정적으로 생각할 필요가 없습니다.

Opinion 05

혼전 동거는 비윤리적 행동이에요.

Cons

Even we are living in the 21st century, **it is obviously** unethical behavior. In addition, it can cause conflicts between old and young generations. I believe there is a process to make a right family. We need to follow step by step like swearing of love and doing marriage registration, then having a baby. It makes people have more responsibility.

↳ **반대** _ 우리가 아무리 21세기에 살고 있더라 하더라도, 혼전 동거는 명백한 비윤리적 행동입니다. 게다가 그것이 구세대와 신세대 사이의 갈등을 야기시킬 수 있습니다. 저는 올바른 가정을 만드는 데는 과정이 있다고 생각합니다. 우리는 사랑의 서약과 혼인신고 그리고 나서 아기를 낳는 것 같은 과정을 따라야 합니다. 그것이 사람들에게 더욱더 책임감을 심어 줍니다.

TIP
"It is obvious" 혹은 "It is obviously"는 본인의 의견을 강력하게 내세울 때 쓰는 표현입니다.

+ 단어 체크

- figure out 알아내다
- irresponsible 책임감 없는
- conflict 갈등

- process 절차
- marriage registration 혼인신고

디베이트 기출문제 정리 — 찬반론

그동안 기출되었던 토론문제를 되짚어보고, 최근 신문이나 뉴스에 나온 사회문제 혹은 시사문제에도 꾸준히 관심을 갖고 토론해 봅시다.

- **Wearing school uniform.**

  학생 개성 무시? 학생다움? 학교 교복 착용, 찬성 혹은 반대?

- **Illegal downloading.**

  여기 있는 거 다 내 꺼야! 불법 다운로드, 찬성 혹은 반대?

- **Using disposable products.**

  얼마나 간편하고 좋아? 일회용 제품 사용, 찬성 혹은 반대?

- **Punishing students.**

  몇 대 맞을래? 학생 체벌, 찬성 혹은 반대?

- **Korean's drinking culture.**

  우리 3차 가죠! 한국 음주문화, 찬성 혹은 반대?

- **Animal experiment.**

  우리도 아파요! 동물실험. 찬성 혹은 반대?

- **Sex offender registry.**

  내 주변에 성범죄자가? 성범죄자 신상등록제도, 찬성 혹은 반대?

- **Social Network Service(SNS).**

  득일까? 독일까? 소셜네트워크, 찬성 혹은 반대?

- **Homosexual marriage.**

  우리 사랑하게 해주세요~ 동성결혼, 찬성 혹은 반대?

- **Identity the sex of a fetus (baby).**

  딸일까? 아들일까? 태아 성별감식, 찬성 혹은 반대?

- **Using credit cards.**

  가계 빚의 원천? 신용카드. 사용 찬성 혹은 반대?

- **Fortune telling.**

  그냥 미신이야~ 점(운세)보기, 찬성 혹은 반대?

- **Telling a lie.**

  선의의 거짓말은 괜찮아~ 거짓말하기, 찬성 혹은 반대?

- **Nuclear power plant.**

  안전할까, 위험할까? 원자력 발전소, 찬성 혹은 반대?

- **Legalizing euthanasia.**

  더 이상 아프지 않게 해 주세요. 안락사 합법화, 찬성 혹은 반대?

- **Avoiding marriage registration.**

  부부인 듯, 부부 아닌, 부부 같은 너? 결혼 후 혼인신고 기피, 찬성 혹은 반대?

- **Legalizing prostitution.**

  매춘도 직업이다? 직업이 아니다? 매춘법, 찬성 혹은 반대?

Discussion
토의

디스커션은 하나의 주제를 가지고 여러 사람들의 각자 의견을 모은 뒤, 그 의견들을 통합하여 어떠한 결정을 내리는 데에 목적을 두고 있습니다. 그 중, 디스커션에서 특징적인 것은 주제에 대한 의견에 제한을 두지 않는 "자유토론형"과 주제에 대해서 정해진 몇 개의 의견을 추슬러 결론을 도출하는 "결론도출형"으로 나뉜다는 것입니다.

"**자유토론형**"에서는 정해진 토론시간에 자유롭게 자신의 의견을 내거나 지지해 주면 됩니다. 그리고 "**결론도출형**"에서는 정해진 시간에 의견을 내고 정해진 개수의 결론을 산출합니다. 그렇게 때문에 효과적으로 시간과 의견을 산출하기 위해서는 다수결의 방식이나 디스커션 도중 틈틈이 좋은 의견을 취합하는 태도가 좋습니다. 무엇보다도 디스커션은 한 팀의 일원이 되어서 잘 화합하고 어울리는 모습을 보여주는 것이 중요합니다.

영어
토론
면접
7일 전

Part 3
Discussion
토의

✚ 자유토론형

11 If you won 1 million dollars lottery, how would you spend the money and why?
만약 100만 달러에 당첨된다면 그 돈을 어떻게 쓰겠는가? 그 이유는?

12 Set up the opening ceremony of Olympics in "Rio".
"리우" 올림픽 개막 행사를 계획해 보자.

13 What do you think happiness is like? Let's make a definition of happiness.
행복은 무엇이라고 생각하는가? 각자 행복의 정의를 내려보자.

14 Let's discuss about good things and bad things about multicultural societies.
다문화 사회의 장점과 단점을 이야기해 보자.

15 List places that you would like to recommend in Korea for foreign visitors.
외국인 관광객에게 한국에서 방문할 장소를 추천해 보아라.

16 Mr. Smith has been made a reservation in advance, but he found out that his name was out of the reservation lists. So he started complaining about the hotel's mistake. Discuss about what special service you would follow up for Mr. Smith as a staff of the hotel.
스미스 씨가 호텔 예약을 했는데, 호텔 실수로 예약이 안되어 있는 것을 알았다.
그는 불만을 토로하고 있는데, 우리가 호텔 직원으로서 스미스 씨에게 어떤 서비스를 해줄 수 있겠는가?

✚ 결론도출형

17
What are the upside and the down side of living in abroad? Choose each 3 things.
외국에 살면 좋은 점과 나쁜 점 3가지를 정하시오.

18
If you visit a new planet, what would you take with you? Choose 2 items.
새로운 행성에 방문한다면 무엇을 가져갈 것인가? 2가지를 정하시오.

19
As you know, global warming is a serious topic now.
Can you suggest 3 things that we can keep out the earth from global warming?
현재 지구온난화가 심각한 문제로 대두되고 있다.
지구온난화에서 어떻게 지구를 지킬 수 있을지 3가지의 대안을 내놓으시오.

20
How to find and hire great employees? Choose 5 requirements of right employees.
어떻게 좋은 직원을 채용하는가? 5가지 자격 요건을 정하시오.

21
Now you are in emergency landing. There are a pregnant woman, a doctor,
a senior, a scientist, a cabin crew and a pilot. Choose 2 people that
you would like to save.
지금 항공기가 불시착을 하는데, 임산부, 의사, 노인, 과학자, 승무원 그리고 파일럿 중
누구를 구하겠는가? 구하고 싶은 2명을 선택하시오.

22
Imagine, you will go to an orphanage for voluntary service. Choose 5 things
that you would like to take with you.
당신이 고아원에 봉사활동을 간다고 가정해 보자. 무엇을 가져갈지 5가지를 정하시오.

✚ 부록 : Discussion 기출문제 정리
토론에 인용할 수 있는 문구 정리
인터뷰 평가표

11. If you won 1 million dollars lottery, how would you spend the money and why?

만약 100만 달러에 당첨된다면 그 돈을 어떻게 쓰겠는가? 그 이유는?

토론하기에 앞서, 이것만은 알고 가자!

면접관은 이 토론 면접에서,

지원자가 어떠한 소비하는 성향을 가지고 있는가? 경제적인 사고는 어떠한가?

상대방 의견의 존중과 지지를 어떻게 하는가? 등을 평가하게 됩니다.

- 불우한 이웃을 위해 기부하고 싶다.
- 세계여행을 하고 싶다.
- 내 이름으로 된 도서관을 설립하고 싶다.
- 나만의 섬을 사고 싶다.
- 저축을 해서 필요할 때 쓰고 싶다.
- 반은 부모님을 드리고 반은 나를 위해 쓰고 싶다.

디스커션 시나리오 #11

면접관 Today, we will discuss about "if you won 1 million dollars lottery, how would you spend the money and why?" I will give you 15 minutes to go and we need 2 volunteers who will be a writer and a time checker. Is there anyone who would like to be?

오늘 토론 주제는 우리가 만약 100만 달러에 당첨이 된다면 그 돈을 어떻게 쓰고 이유는 무엇인가에 대한 이야기를 나눌 것입니다. 15분의 토론시간을 드릴 것이며 또한 기록자와 시간을 체크하는 2명의 지원자가 필요합니다. 혹시 지원자 있습니까?

TIP

회사에 따라 다르지만, 정해진 시간을 주고 시간을 체크하는 Time checker와 내용을 기록하는 Writer를 두고 토론을 진행하는 회사가 있습니다. 이에 토론 직전에 지원자를 선발하거나 혹은 면접관이 랜덤으로 지원자에게 임무를 맡기기도 합니다.

B I would like to be a writer. May I?

제가 기록자를 해도 괜찮겠습니까?

TIP

다른 지원자들을 보면서 동의를 구하여 진행하는 것이 배려와 팀워크를 보여줄 수 있습니다. Writer는 늘 토론내용에 집중하며 지원자들이 하는 이야기를 잘 기록하고 정리해주는 것이 중요합니다.

A May I be a time checker if you don't mind?

괜찮으시다면, 제가 시간 기록을 해도 되겠습니까?

TIP

Time checker도 마찬가지로 다른 지원자들의 동의를 구하여 진행하며, 정해진 시간을 잘 체크하며 토론이 효과적으로 잘 이루어지는 것을 도와줍니다. 만약 토론이 15분이라면, 5분마다 상기시켜주되 마지막 토론을 1~2분 남겨두고 내용을 마무리짓자는 식의 이야기를 전달하면 됩니다.

B Sure, go ahead. Good morning, ladies and gentlemen. I am happy to meet you and shall we begin our discussion, now? First, if you don't mind may I go first?

물론이죠. 안녕하세요, 이렇게 만나 토론하게 되어 좋습니다. 이제 토론을 시작해 볼까요? 제가 먼저 시작해도 되겠습니까?

(TIP)

토론을 시작할 때는, 간단한 인사를 하여 서먹한 분위기를 깨도록(ice breaking) 합니다. 또한 주제를 다시 한 번 언급하며 지원자들에게 상기시켜 주면서 주위를 환기시킵니다.

A Sure, go ahead, after you.

그럼요. 먼저 시작하세요.

(TIP)

만약 상대방과 동시에 대답이 겹쳐서 양보해야 할 때는 after you 혹은 go ahead라는 말을 써서 좋은 매너를 보여 줍니다.

Opinion 01

세계 여행을 할 거예요.

B Thank you. I am happy with the imagination. I'd like to travel all around the world. I would start from China to travel all the countries. And if I love some places, I would stay more than 1 year and to learn their languages and culture. Life is short and I don't want to regret before death. And when all trips are finished, I would start to write a travel essay about my traveling story. If I get popular from the book I would donate that money for poor people.

감사합니다. 상상만 해도 행복합니다. 저는 세계 여행을 하고 싶습니다. 그래서 먼저 중국을 시점으로 전세계 여행을 시작할 것입니다. 만약 그 몇몇 나라가 좋다면, 저는 거기서 1년 이상 살면서 그 나라 언어와 문화를 배울 것입니다. 인생은 짧기 때문에 죽기 전에 후회하기 싫습니다. 세계일주 이후에는 저는 저의 여행이야기를 책으로 쓸 것입니다. 그러고 나서 그 책이 유명해지면 그 돈으로 어려운 사람들을 위해 기부하고 싶습니다.

Opinion 02

> 제 이름으로 된 도서관을 설립할 거예요.

A **That's a lovely idea. Thank you for sharing.** I would like to build a library by my name. I found so many students who didn't have enough books and space to read. I feel sorry for them. For sure, there would be so many smart students reading and studying in my library.

참 사랑스러운 의견입니다. 의견 나누어 주셔서 감사합니다. 저는 제 이름으로 된 도서관을 세우고 싶습니다. 저는 많은 학생들이 읽을 책과 공간이 충분하지 않다는 것을 알게 되었습니다. 한편으론 미안한 마음이 듭니다. 그래서 제 도서관에서 많은 똑똑한 학생들이 배출될 것이라고 확신합니다.

TIP
항상 상대방의 의견에 긍정적으로 호응해 주는 표현을 잊지 않도록 합시다.

Opinion 03

> 저축을 해서 이자를 받을 거예요.

C **Exactly. That's a great idea. I have a different idea that** I would save all the money. We never know our future and what would happen to us. Therefore I would save the money and get interest. Moreover I will carry on my career to keep a secret of the fact that I won the lottery. And I would have a normal life as usual.

맞습니다. 좋은 생각입니다. 저는 그 돈을 저금할 것이라는 다른 의견을 가지고 있습니다. 우리는 미래에 어떤 일이 생길지 아무도 모릅니다. 그러므로 저는 그 돈을 저금해서 이자를 받겠습니다. 그리고 저는 직업을 그만두지 않고 당첨 소식도 비밀로 할 것입니다. 그리고 평소처럼 똑같이 지내겠습니다.

Opinion 04

> 반은 부모님을 드리고 반은 제가 가질 거예요.

D **That's good. In my case,** I would give my parents an half of the money. I really thanks my parent about taking care of me. It is not that enough to show my love but I would give them and tell "I love you". Also I would keep the rest of the money and to do what I want. So I would live with happiness to share the money and the luck.

참 좋은 생각이시네요. 저는 반은 부모님께 드리고, 반은 제가 갖겠습니다. 저는 부모님께서 보살펴 주신 것에 감사드립니다. 아마도 그 돈이 제 사랑을 보여드리기에는 충분하지 않겠지만, 돈을 전달해 드리면서 "사랑합니다"라고 꼭 말씀 드리고 싶습니다. 저는 또한 그 반의 돈을 가지고 제가 받은 행운을 다른 사람들과 나누면서 행복하게 지내겠습니다.

Opinion 05

제 소유의 섬을 살 거예요.

D Definitely. I would like to buy my own island. It would be a desert island decorated from the entrance. I hope it would be like "Nam-ei" Island which is famous for tourist in Korea. To buy and run the island, I would create a new job and provide entertaining place for people as well. I want to be a person who contributes to our country in many ways.

맞습니다. 저는 제 소유의 섬을 사고 싶습니다. 아마도 입구부터 꾸며져 있는 무인도일 것입니다. 관광지로 유명한 "남이섬" 같이 되었으면 좋겠습니다. 섬을 사고 운영함으로써, 새로운 직업과 놀이공간을 창출할 수 있을 것입니다. 그래서 우리나라에 여러모로 공헌을 하는 사람이 되고 싶습니다.

B Ladies and gentlemen, we have 3 minutes left. Shall we summarize our topic now?

여러분, 이제 3분 남았습니다. 우리의 의견을 정리해 볼까요?

TIP
"Time checker"는 시간을 정리하면서 의견정리의 역할도 합니다.

A Sure, we have mentioned 5 ideas so far. First, traveling all around the world. Second, building a library by his name. Third, saving the money to get interest. Forth, owning an half for herself and the other half for their parents. And lastly, buying her own island. They are all good ideas.

물론이죠. 우리는 총 5개의 의견을 언급하였습니다. 첫째로 세계 여행하기, 둘째로 그의 이름으로 된 도서관 설립하기, 셋째로 저금해서 이자 갖기, 넷째로 반은 그녀가 갖고 반은 그녀의 부모님 드리기 그리고 마지막으로 그 소유의 섬을 사는 것입니다. 모두 좋은 의견입니다.

B Ladies and gentlemen, Time is up now. It was really good time to talk with you. Thank you.

좋은 의견입니다. 여러분, 시간이 다 됐습니다. 이야기 나누어 정말로 좋았습니다. 감사합니다.

TIP
마지막에 모든 지원자들은 "좋은 시간이었다"는 코멘트도 잊지 않습니다.

 면접관 질문

면접관의 질문은 디스커션 시간이 종료하고 나서 면접관의 재량에 따라 지원자에게 질문을 할 수 있으니, 면접에 항상 집중을 하고 있는 것이 중요합니다. 만약 내가 토론 면접에서 말할 기회가 적거나 언급을 못했더라도, 면접관이 나의 자질을 알아보고 질문을 할 경우도 있으니, 발언권의 기회가 적었더라도 너무 걱정하지 않아도 됩니다.

☞ Point out one person. 한 명을 지목하며.

Q Can you summarize what story we had discussed about?

우리가 한 이야기를 요약해 줄 수 있습니까?

TIP
늘 이야기를 잘 듣고 기회가 왔을 때 실력발휘를 하여 내용을 정리하는 것이 매우 중요합니다.

A **Yes, of course**. We talked about if we won the lottery, how we spend that money. There are so many brilliant ideas which are saving the money and getting interest, buying own island to create jobs and places, traveling all of the world, building own library, donating for poor people, and giving to parents. Especially, my idea was traveling all around the world. It was great time even in the imagination.

네 물론이죠. 우리는 복권에 당첨된다면 그 돈을 어떻게 쓸 것인가에 대해서 이야기해 보았습니다. 저금을 하고 이자를 받는 것, 내 소유의 섬을 사서 새로운 직업과 장소를 창출하는 것, 세계여행, 내 이름의 도서관 짓기, 어려운 사람들을 위해 기부하기 그리고 부모님께 드리는 것 등의 많은 기발한 아이디어가 나왔습니다. 특별히 저의 아이디어는 세계여행을 하는 것이었습니다. 생각만으로도 행복했습니다.

Q **Can you give us a different idea?**

다른 의견을 제시해 줄 수 있습니까?

TIP
실제 나온 의견 말고도 본인이 자유롭게 창의적으로 의견을 덧붙이면 더할 나위 없이 좋을 것입니다.

A **Certainly**. I would like to stand street lights in my town. Actually, it's too dark at night on the streets. Therefore, I would stand more street lights to make my town bright. Also it could prevent from criminals from the dark.

네. 저는 저희 동네에 가로등을 세우고 싶습니다. 사실 제가 살고 있는 곳의 길이 많이 어둡습니다. 그러므로 저는 가로등을 세워서 주위를 밝게 할 것입니다. 어둠에서 발생하는 범죄 또한 예방할 수 있을 것입니다.

Q **If you should fire one candidate, who would it be?**

만약 당신이 지원자 중 한 명을 탈락시킨다면, 누구를 선택하겠습니까?

TIP
탈락자를 선택할 때는 먼저 장점을 제시하고 그에 맞는 적절한 직업 등을 제시해 주는 방법을 권장합니다. 본인이 스스로 탈락하겠다라는 부정적인 답변은 피하는 것이 좋습니다.

A I would like to choose him. Because he mentioned that he would like buying his own island and running it. I think he is very suitable for a CEO in his own company with good business mind.

저는 이 분을 선택하고 싶습니다. 왜냐하면 그가 자신만의 섬을 사서 경영하고 싶다고 언급하셨습니다. 저는 그가 개인 사업 경영자로서 더 어울리며 좋은 비즈니스 마인드를 가지고 있다고 생각합니다.

Q (Pointing out other candidates) And you?

(다른 지원자를 가리키며) 그럼 당신은요?

A I would like to choose this lady. She has amazing speech skills. I think she speaks English very fluently and has clear and nice voice. I am pretty sure she can be a good speaker or an English teacher.

저는 이 여성분을 선택하고 싶습니다. 그녀는 멋진 말하는 능력을 가졌습니다. 저는 그녀가 유창한 영어와 뚜렷하고 좋은 음성을 가지고 있다고 생각합니다. 그녀가 멋진 발표자나 영어 선생님이 될 수 있다고 확신합니다.

(TIP)
위의 지원자와 같이 장점을 나열하고 어떤 일을 할 수 있는지 의견과 비전을 제시해 주면 됩니다.

＋ 단어 체크

- **donate** 기부하다
- **stand streetlight** 가로등을 설치하다
- **fire** 해고시키다, 탈락시키다
- **desert Island** 무인도
- **summarize** 요약하다

12. Set up the opening ceremony of Olympics in "Rio".

"리우" 올림픽 개막 행사를 계획해 보자.

토론하기에 앞서, 이것만은 알고 가자!

면접관은 이 토론 면접에서,

지원자들 사이의 팀워크는 어떠한가? 행사 계획력은 어떠한가? 실제 일의 추진력은 어떠한가? 상대방 의견의 존중과 지지를 어떻게 하는가? 그리고 전체적인 아이디어 등을 평가하게 됩니다.

- 브라질의 삼바축제로 오프닝 하기
- 싸이의 말춤을 추면서 모든 선수가 오프닝 하기
- 국가별로 전통의상을 입고 입장 하기
- 세계평화를 염원하는 퍼포먼스 하기

디스커션 시나리오 #12

A Good morning ladies and gentlemen. Our topic is that suggesting performance in "Rio Olympic". May I go first?

여러분 안녕하세요. 우리의 주제는 "리우 올림픽"의 개막전 행사를 제안해 보는 것 입니다. 제가 먼저 시작해도 되겠습니까?

B go ahead, after you.

네, 시작하세요.

Opinion 01

개막식에 말춤을 추는 건 어때요?

A Thank you. I would like to suggest that all athletes perform "Horse riding dance" for opening ceremony. Psy is a very famous singer and all people know him. If they dance all together, all the audience would be happy and enjoy the opening performance.

TIP
상대방의 배려에 "Thank you"라는 감사인사도 잊지 않는 것이 중요합니다.

감사합니다. 저는 모든 운동선수들이 말춤을 추는 것을 제안해 봅니다. 싸이는 세계인들이 아는 매우 유명한 가수입니다. 만약 함께 춤을 춘다면 모든 사람들이 행복하게 즐기는 개막전이 될 것 같습니다.

C That's a great idea. But I have another idea of this, can I?

참 멋지네요. 저도 다른 의견이 있는데 이야기해도 될까요?

A Of course, please.

네, 물론이죠.

TIP

간단한 대답을 통해서 배려있는 지원자의 모습을 보여줄 수 있습니다.

Opinion 02

개막식에 삼바춤을 추는 건 어때요?

C Thank you. I think Brazil is famous for Samba festival. If all athletes dance Samba in opening ceremony, it would be very memorable. I am sure it would be so meaningful to dance Samba because Olympic is held in Brazil.

감사합니다. 저는 브라질에서 유명한 것이 삼바축제라고 생각합니다. 만약 모든 운동선수들이 개막식에 삼바춤을 춘다면 정말 기억에 남을 것 같습니다. 브라질에서 열리는 올림픽이기 때문에 매우 의미 있을 것 같다고 생각합니다.

B That's what I wanted to talk about. Can I add more ideas?

그게 제가 하고 싶은 이야기입니다. 제 의견을 좀 덧붙여도 될까요?

C Sure, go ahead.

네 그러세요.

Opinion 03

소수 종교를 위해서 비키니 입는 것을 삼가는 것은 어때요?

B I hope they should wear long dresses not bikinis. Because for sure, some religions do not allow women wearing bikinis. To respect them, I suggest not to wear bikinis.

저는 비키니를 입는 것은 삼가고 긴 옷을 입었으면 합니다. 왜냐하면 몇몇 종교는 비키니 입는 것이 허용되지 않기 때문입니다. 그들을 존중하기 위해서 저는 비키니를 입지 않는 것을 제안합니다.

Opinion 04

전통 의상을 입고 참석하는 것은 어때요?

A That's a brilliant idea. That's lovely. I can feel your consideration. I've just popped up a new idea that is all athletes wear their traditional clothes and show all people from the world. It could be good chance to let other people know their own culture as well.

네 정말 좋은 생각입니다. 참 자상하시네요. 배려심이 느껴집니다. 저는 갑자기 새로운 아이디어가 생각이 났는데, 개막식에 선수들이 본국의 전통 의상을 입고 참석하는 겁니다. 이것이 아마도 사람들에게 문화를 알리는 좋은 기회가 될 것입니다.

B Definitely, that is a great idea. Guys, we finished almost. Is there anyone who wants to add more ideas?

그렇습니다. 참 좋은 아이디어입니다. 여러분 시간이 거의 다 되었네요. 혹시 다른 아이디어 있으신 분 있습니까?

TIP

'Time checker'는 시간을 알려주며 정리해 가는 역할도 수행합니다.

Opinion 05

세계평화를 상징하는 것은 어때요?

D Yes, I have an idea. I think all people hope peace. So that I suggest all athletes do opening performance about world peace. For example, a dove and an olive branch could be used as peace symbols. Therefore, I strongly suggest that they would wear olive branches on their heads, then set doves free with praying for health and peace of the world.

네, 제게 아이디어가 하나 있습니다. 제 생각에는 전세계인은 세계평화를 바라고 있습니다. 그래서 모든 운동선수들이 세계평화 개막전을 하는 것을 제안합니다. 예를 들자면, 비둘기와 올리브 가지는 평화의 상징이 되어 왔습니다. 그러므로 머리에는 올리브 가지를 쓰고 비둘기를 날리면서 세계평화와 건강을 기원하는 것을 강력하게 제안합니다.

A That's good. Ladies and gentlemen, Time is up now. It was really good time to talk with you. Thank you.

좋습니다. 여러분, 시간이 다 됐습니다. 이야기 나누어 정말로 좋았습니다. 감사합니다.

＋ 단어 체크

- opening performance 개막식
- olive branch 올리브 가지
- athlete 운동선수
- set the dove free 비둘기를 날리다

13. What do you think happiness is like? Let's make a definition of happiness.

행복은 무엇이라고 생각하는가? 각자 행복의 정의를 내려보자.

토론하기에 앞서, 이것만은 알고 가자!

면접관은 이 토론 면접에서,

지원자 개인의 행복의 철학이나 인생관은 어떠한가? 상대방 의견의 존중과 지지를 어떻게

하는가? 등을 평가하게 됩니다.

- 돈으로 살 수 없는 것
- 하고 싶은 일을 하는 것
- 작은 것에 행복해 하는 것
- 현재를 사는 것
- 사랑하는 사람과 함께 하는 것

디스커션 시나리오 #13

A All right, let's start to talk about what you think happiness is like? Are you ready?

좋아요. 지금부터 행복은 무엇이라고 생각하는지에 대해서 이야기해 볼까요? 준비되셨나요?

Opinion 01

행복이란, 하고 싶은 것을 하는 거예요.

B Of course, for me happiness is doing what I want. Many people tend to chase money and do their jobs even though they don't want to. But I believe a life is short and we have rights to be happy. So that's why we have to do what we want.

물론이죠. 저에게 행복이란 하고 싶은 것을 하는 것입니다. 많은 사람들은 돈을 따르는 경향이 있고 심지어 좋아하지 않아도 직업으로 삼습니다. 하지만 저는 인생은 짧고 행복해야 할 권리가 있다고 믿습니다. 그렇기 때문에 우리는 우리가 원하는 것을 해야 합니다

Opinion 02

행복이란, 현재를 사는 거예요.

C Absolutely right. I agree with your idea but if I make a definition of happiness myself, I would say that "let's live in the present". Recently, I have read a book which is "The present"

and I learned a lot from it. We don't know what would happen in the future. And if we delay something that is supposed to finish by today for tomorrow, we might lose a chance to do that. After reading the phrase of "live in the present" became my life motto.

정말로 그렇습니다. 저는 당신의 의견에 동의합니다. 하지만 저에게 행복의 정의를 내리라면, 저는 "현재를 살자"라고 정하고 싶습니다. 최근 저는 "선물"이라는 책을 읽고 많은 것을 배웠습니다. 우리는 미래에 무슨 일이 일어날지 모르고 만약 우리가 오늘 마쳐야 했던 일을 내일로 미루면 어떤 것을 잃거나 어떤 기회를 잃을지도 모릅니다. 그 책을 읽고 나서 "현재를 살자"가 저의 삶의 신조가 되었습니다.

Opinion 03

> 행복이란, 돈으로 살 수 없는 거예요.

A **I think you're on the right track!** Happiness is from achievement which is not possible to buy. There is a saying in China that "If you want happiness for an hour – take a nap, If you want happiness for a day – go fishing, If you want happiness for a year – inherit a fortune, If you want happiness for a lifetime – help someone else." I always remind this saying and help someone else to be happy in my life. For sure, a small thing can bring us big pleasure.

당신의 의견에 동의합니다. 행복은 성취에서 오고 돈으로 살 수 없는 것입니다. 중국속담에 이런 말이 있습니다 "한 시간 동안 행복해지고 싶다면 낮잠을 자고, 하루 동안 행복해지고 싶다면 낚시를 하라. 일년 동안 행복해지고 싶다면, 많은 재산을 물려 받아라. 평생 행복해지고 싶다면, 누군가를 도와줘라". 저는 항상 이 속담을 상기시키며 평생 행복해지고 싶기에 누군가를 도와주고 있습니다. 확실한 것은, 작은 일이 큰 행복을 만들어 줍니다.

TIP
속담이나 격언 등을 이용하여 의견을 제시하는 방법도 이용하면 좋습니다.

Opinion 04

> 행복이란, 사랑하는 사람과 함께 있는 거예요.

D That's brilliant you said so. I think happiness is to be with someone I love. It could be my family and my friends. I used to live in Canada for a long time apart from my family. At that moment, I thought that spending my time with someone I love is the most important thing in my life time. I totally agree with that a life is short so we should enjoy our lives with someone we love.

정말 좋은 생각이네요. 저는 사랑하는 사람과 함께 있는 것이 행복이라고 생각합니다. 사랑하는 사람은 가족이나 친구일 수 있습니다. 저는 캐나다에서 가족과 떨어져 살았었습니다. 그때, 저는 일생에서 사랑하는 사람과 함께 시간을 보내는 것이 매우 중요한 일이라고 생각했었습니다. 저는 인생은 짧고 사랑하는 사람과 시간을 보낸 것에 매우 동의합니다.

A (asking someone who din't say his or her opinions) What's your opinion on this? Or do you have some ideas that you support?

(자신의 의견을 한번도 내지 않은 지원자에게 물어보며) 이것에 대한 의견 있으세요? 아니면 동의하는 의견 있으신가요?

TIP

의견을 한번도 내지 않은 지원자에게 의견을 물어보는 것은 매우 중요한 일입니다. 하지만 다짜고자 의견을 묻는 것보다는, 주어진 주제에 대해서 동의하는지 혹은 동의하는 의견이 있는지에 관련하여 물어본다면 조금 더 수월하게 상대방이 받아들일 수 있으며 좀더 원활하고 배려심 넘치는 토론 면접이 될 것입니다.

Opinion 05

> 행복이란, 사랑하는 사람과 함께 있는 것에 동의해요.

E **Thank you for asking**. I have a same idea with him which is happiness is spending my time with someone I love. I also have an experience that I used to live in Japan during my university life. I learned how much love I had been given by my family and people around me. That is why I tend to express my thanks and love to people around me.

의견 물어봐 주셔서 감사합니다. 저는 저분과 같이 행복은 사랑하는 사람과 함께 시간을 보내는 것이라는 생각을 가지고 있습니다. 저도 대학시절 일본에 살았던 경험이 있습니다. 저는 가족과 주변사람들에게 얼마나 많은 사랑을 받았는지를 배울 수 있었습니다. 그렇기 때문에 저는 저의 감사와 사랑을 사람들에게 표현하려고 하는 경향이 있습니다.

A **Thank you so much sharing your idea. Time is up now. It was really good time to talk with you. Thank you.**

이야기 나누어 주셔서 감사합니다. 시간이 다 되었네요. 이야기 나누어 정말로 좋았습니다. 감사합니다.

✦ 단어 체크

- **chase the money** 돈을 쫓다
- **saying** 속담
- **definition** 정의
- **inherit** 상속받다, 물려받다

14. Let's discuss about good things and bad things about multicultural societies.

다문화 사회의 장점과 단점을 이야기해 보자.

토론하기에 앞서, 이것만은 알고 가자!

면접관은 이 토론 면접에서,

지원자 타 문화에 대해서 어떻게 이해하고 있는가? 다른 나라에서 적응력은 어떠한가? 상대방 의견의 존중과 지지를 어떻게 하는가? 등을 평가하게 됩니다. 다문화를 이야기할 때는 **respect**(존중)와 **understand**(이해)가 늘 언급되어야 타 문화를 잘 이해할 수 있는 지원자의 모습을 보여줄 수 있습니다.

- 다양한 이해가 요구됨
- 문화의 충돌로 갈등이나 범죄로 연관됨
- 많은 문화를 배울 수 있음
- 국가가 다양하게 발전할 수 있음

디스커션 시나리오 #14

A Let's discuss how much we know about multicultural society.

자 이제 우리가 얼마나 다문화 사회를 알고 있는지 이야기해 봅시다.

Opinion 01

다문화 사회에서는 다름을 인정해야 해요.

B Certainly. I think there are both good and bad things when we live in multicultural society. When it comes to the culture, it has a possibility of conflicts because of different histories and religions. However when we try to understand and respect each difference, there might be positive solutions.

네. 제 생각에는 다문화 사회에 사는데 좋은 점과 나쁜 점 둘 다 있다고 생각합니다. 문화적으로 봤을 때, 역사와 종교적으로 다르기 때문에 갈등의 가능성이 있지만 우리가 각각 다름을 이해하고 존중하려고 노력한다면 긍정적인 해결책이 분명 있을 것입니다.

Opinion 02

존중과 이해가 중요한 쟁점이죠.

A You've got the point. For sure, considering the difference is helpful when we respect and understand others. Plus, we can learn the different culture and toward to be open-minded people. I've been to "Itaewon" in Seoul which is an exotic place.

TIP
장점과 단점을 언급해야 하는 토의주제에서, 처음 장점과 단점의 교집합적인 요소를 언급해 주어 시작을 이끌어가는 방법도 서먹한 분위기를 깨는데(ice breaking) 매우 효과적인 방법입니다.

There are so many Asian, Arabic even European restaurants and shops. That place was perfectly well harmonized with different cultures. It was good chance to learn their different cultures and to be open-minded.

좋은 지적입니다. 확실히 우리가 존중하고 이해할 때 다르다는 것이 득이 됩니다. 게다가 다른 문화를 배울 수 있으며 열린 마을을 가진 사람이 될 수 있습니다. 저는 서울의 이국적인 장소인 "이태원"에 다녀왔습니다. 그곳에는 아시아, 아랍 심지어 유럽의 식당과 상점이 많이 있습니다. 그곳은 다른 문화가 완벽히 잘 어우러져 있는 장소였습니다. 그것은 다른 문화를 배우고 열린 마음을 가지게 되는 좋은 기회였습니다.

Opinion 03

> 분쟁의 원인이 될 수도 있어요.

C That's great. But when people live in foreign countries, they suffer from misunderstanding which comes from the different languages and cultures. Finally, this problem could cause of conflicts in somehow. And it could be a source of any crimes. Therefore, we need to do law revision and try to fix something wrong.

맞습니다. 하지만 외국에 사람들이 살 때 이해의 부족으로 불편함을 겪습니다. 저는 다른 언어와 문화 때문에 어떠한 분쟁이 있는 것이라고 생각합니다. 이것이 범죄의 원천이 될 수도 있습니다. 그렇기 때문에 법의 개정과 잘못된 것을 고치려는 노력이 필요합니다.

Opinion 04

> 국가가 발전할 수 있는 기회에요.

D As you mentioned, different culture is one of the problem in multicultural society. But I think it could be a chance to develop the country in various ways. Because we can study about other cultures and learn the differences.

TIP
"As you mention"은 상대방이 언급했던 부분을 다시 되짚고 싶을 때 사용하는 어구입니다.

방금 문화차이가 다문화 사회의 하나의 문제라고 언급하셨습니다. 하지만 저는 이 것이 국가를 다양한 방법으로 발전시키기 위한 기회라고 생각합니다. 왜냐하면 다 른 문화를 공부하고 다름을 배울 수 있기 때문입니다.

Opinion 05

> 타 문화의 이해는 우리의 발전에 매우 중요해요.

B **That's exactly what I'm trying to say.** I'd like to add something to it. Now, "Korean waves" is the hot issue. We have to use this and let other countries know Korean culture well. However I guess learning other cultures is also important to develop the country in many ways.

그렇습니다. 저는 몇 가지 의견을 더하고 싶습니다. 현재 한류가 큰 이슈입니다. 우리는 이것을 이용하여 다른 나라에 한국문화를 알려야 합니다. 하지만 국가가 다양하게 발전하기 위해서는 다른 나라 문화를 먼저 아는 것 또한 매우 중요하다 고 생각합니다.

A **To make a long story short,** when we are living in multicultural society, we need to understand and respect each culture.

간단히 말하자면, 우리가 다문화 사회에서 지낼 때는 서로의 문화를 이해하고 존 중하는 것이 필요합니다.

TIP
"To make a long story short"을 사용해서 내용을 간단하게 요약합니다.

A **Lovely ideas. Ladies and gentlemen, Time is up now. It was really good time to talk with you. Thank you.**

좋은 의견입니다. 여러분, 시간이 다 됐습니다. 이야기 나누어 정말로 좋았습니다. 감사합니다.

✚ 단어 체크

- multicultural society 다문화 사회
- exotic 이국적인
- suffer from~ ~로부터 고통을 받다.
- conflict 갈등, 분쟁
- harmony 조화, 화합
- law revision 법 개정

15. List places that you would like to recommend in Korea for foreign visitors.

외국인 관광객에게 한국에서 방문할 장소를 추천해 보아라.

토론하기에 앞서, 이것만은 알고 가자!

면접관은 이 토론 면접에서,

지원자의 한국문화의 이해도는 어떠한가? 장소를 추천해줄 만한 아이디어가 있는가?
상대방 의견의 존중과 지지를 어떻게 하는가? 등을 평가하게 됩니다.

브레인스토밍

- 경복궁과 청계천
- 명동과 한옥마을
- 이태원
- 한국민속촌
- 뷰티 투어(화장품과 미용실 투어)

A **Good morning everyone. Shall we start our discussion? Our topic is where you would recommend in Korea for foreign visitors?**

안녕하세요. 저희 토론 시작해 볼까요? 우리 주제는 외국인 관광객에게 추천할 장소입니다.

Opinion 01

경복궁과 청계천을 추천해요.

B **This topic is very interesting for me, because** my foreign friend just visited Korea last week, and I took him around Seoul. I suggested "Gyeongbokgung Palace" and "Chunggye River". "Gyeongbokgung Palace" is a royal palace and we can see the Korean traditional culture with all good nature. After visiting "Gyeongbokgung Palace", we could go to "Chunggye River" which is in front of the palace. Day and night views are both nice and they can enjoy shopping around there.

이 주제가 저에게는 매우 흥미 있는 이유는 바로 지난주에 제 외국인 친구가 한국을 방문했기 때문입니다. 그리고 저는 그 친구를 데리고 서울 주변을 데려갔습니다. 그래서 저는 경복궁과 청계천을 추천합니다. 경복궁은 귀족의 성이며 한국의 전통적인 문화와 자연을 감상할 수 있습니다. 이후 경복궁 방문한 뒤, 성 앞에 있는 청계천을 방문합니다. 낮과 밤의 모든 광경이 예쁘고 주변에서 쇼핑도 즐길 수 있습니다.

Opinion 02

뷰티 투어는 어때요?

C **That's lovely. I** used to take my foreign friends there too, they were happy with those places. But I suggest a little bit different way. I would like to suggest them Korean beauty tour. Many foreign friends want to get cosmetics and clothes in Korea. Therefore, I would take my friends to shop around to get beauty items and clothes, then bring them to hair salons to be like a K-pop star.

좋은 생각입니다. 저는 외국인 친구를 그곳에 데려간 적이 있었는데 정말 좋아했습니다. 하지만 저는 조금 다른 방법으로 의견을 내볼까 합니다. 저는 뷰티 투어를 제안하고 싶습니다. 많은 외국인 친구들은 한국에서 화장품과 옷을 구입하기를 원합니다. 그렇기 때문에 친구들을 화장품과 옷 가게에 데려가서 뷰티 아이템을 사게 하고 난 뒤에 미용실로 데려가 케이팝 스타처럼 만들겠습니다.

Opinion 03

> 한국민속촌을 추천해요.

A That's a brilliant idea. In my opinion, I'd like to take them "Korean folk village". If you want to show foreign friends to traditional things, "Korean folk village" might be the answer. They could experience many activities such as a traditional wedding, making "Kimchi" and wearing "Hanbok" which is Korean traditional clothes and so on. It could be very memorable by taking pictures and participating in many activities.

참 좋은 의견입니다. 저는 "한국민속촌"에 데려가고 싶습니다. 만약 외국인 친구에게 전통적인 것을 보여주고 싶다면 한국민속촌이 정답일 것입니다. 그곳에서 전통혼례, 김치 만들기 그리고 우리나라 전통복인 한복을 입어 볼 수 있는 등의 체험이 가능합니다. 사진을 찍고 많은 체험을 함으로써 기억에 남을 것입니다.

Opinion 04

> 이태원은 어때요?

D Suddenly, an idea came to my mind. I would like to take "Itaewon". "Itaewon" is an exotic place in Korea. There are so

TIP
"Suddenly, an idea came to my mind" 혹은 "Suddenly, an idea popped up"은 갑자기 다른 의견이 생각났을 때 자주 쓸 수 있는 표현입니다.

many different cultures mixing together. Moreover, a good thing in "Itaewon" is you could get "Halal food". Plus, there are so many places you could enjoy clubbing as well. Moreover, it is easy to go by buses or subways.

갑자기 의견이 생각이 났습니다. 저는 이태원을 데리고 가고 싶습니다. 이태원은 한국에서 매우 이국적인 장소입니다. 그곳에는 각기 다른 문화가 섞여 있습니다. 더욱이, 이태원의 장점이라고 하면 "할랄음식"을 구할 수 있는 것입니다. 또한 춤을 즐길 수 있는 많은 장소가 있습니다. 게다가 버스와 지하철로 쉽게 갈 수 있는 곳입니다.

Opinion 05

> 한국민속촌보다 한옥마을을 추천해요.

E For me, I'd like to suggest "Myoung-dong" area and "Hanok village". "Myoung-dong" is very famous for shopping, so that it's always the no.1 for foreigners to shop. Also "Hanok village" is very near from "Myoung-dong". "Hanok village" is a place that you can experience Korean traditional houses. But "Korean folk village" is quite far from Seoul, so I recommend "Hanok village" which is very near in Seoul and even it's free.

저는 명동과 한옥마을을 추천해 주고 싶습니다. 명동은 쇼핑으로 유명하며 쇼핑의 일인 장소이기도 합니다. 또한 근처에 한옥마을이 있습니다. 한옥 마을은 전통가옥을 경험할 수 있는 장소입니다. 하지만 "한국민속촌"은 서울에서 조금 멀지만 한옥마을은 서울에서 가깝고 무료이기도 합니다.

A Thank you so much sharing your ideas. Time is up now. It was really good time to talk with you. Thank you.

이야기 나누어 주셔서 감사합니다. 시간이 다 되었네요. 이야기 나누어 정말로 좋았습니다. 감사합니다.

✦ 단어 체크

- halal food 할랄음식
  (이슬람법상 먹을 수 있는 음식으로, 이슬람을 믿는 무슬림이 재배나 도축을 한 음식 또는 재료)

16. Mr. Smith has been made a reservation in advance, but he found out that his name was out of the reservation lists. So he started complaining about the hotel's mistake. Discuss about what special service you would follow up for Mr. Smith as a staff of the hotel.

스미스 씨가 호텔 예약을 했는데, 호텔 실수로 예약이 안되어 있는 것을 알았다. 그는 불만을 토로하고 있는데, 우리가 호텔 직원으로서 스미스 씨에게 어떤 서비스를 해줄 수 있겠는가?

토론하기에 앞서, 이것만은 알고 가자!

면접관은 이 토론 면접에서,

지원자가 서비스관련 마인드를 가지고 있는가? 기본적인 롤플레이(role play) 상황을 어떻게 대처하는가? 팀워크는 어떠한가? 상대방 의견의 존중과 지지를 어떻게 하는가? 등을 평가하게 됩니다.

 브레인스토밍

1. 진심으로 사과를 하고 실수의 이유를 알아낸다.
2. 불평을 듣고 프로페셔널하게 행동하며, 절대 개인적으로 받아들이지 않는다.
3. 스미스 씨의 이전 기록을 찾아 선호하는 방이나 기호를 검토한다.
4. 만약 남은 방이 하나도 없다면, 체인 호텔이나 근처 호텔에 연락하여 찾아본다.
5. 스미스 씨의 기분을 나아지게 하도록 최선을 다한다.
   (예를 들어, 남은 방 찾기, 환영 음료 제공 혹은 무료 식사 쿠폰 제공 등)
6. 사건이 마무리된 이후에도 지켜보며 지속적으로 모니터링한다.

고객 불만을 다룰 때 기억해야 할 것

- Apologize, listen and empathize
  사과하기, 듣기 그리고 공감하기
- Understand
  이해하기
- Stay calm and professional
  침착하고 프로페셔널하게 행동하기
- Use the customer's name
  고객의 이름을 부르기
- Be serious and concerned
  진중하고 관심 있는 태도
- Choose helpful behavior
  도움이 되는 행동을 선택
- Do your best to help
  최선을 다해 돕기
- Offer the solution
  해결책 제시
- Do not take it personally
  개인적으로 받아들이지 않기
- Follow up (keep an eye on, keep monitoring)
  지속적으로 지켜보기

디스커션 시나리오 #16

Opinion 01

사과를 하고 이유를 파악해야 해요.

A Today we are going to talk about how we handle Mr. Smith in that situation. In my case, I would like to apologize sincerely first and try to figure out the cause of the problems. May be there is system errors for booking. So we should clearly find out the cause of the mistakes.

오늘은 우리가 어떻게 스미스 씨를 저 상황에서 다룰지에 관련해서 이야기해 보겠습니다. 제 경우에는 먼저 진심으로 사과를 하고 그 이유를 알아내도록 노력하겠습니다. 아마도 그것에 관해서 시스템 오류 같은 이유가 있을 것입니다. 그렇기 때문에 정확하게 그 잘못의 이유를 알아내야 합니다.

Opinion 02

불평을 듣고 프로페셔널하게 행동해요.

B That's true. Even I have the same experience. I totally understand how Mr. Smith feels. What we can do first is that listening Mr. Smith's complaints carefully. It is not helpful to excuse or explain when someone gets really angry, so that just give him a chance to talk and we listen what he says. As we are now applying for a professional service provider, it is important that we always keep nice attitude.

맞습니다. 심지어 저도 저런 같은 경험이 있기 때문에 스미스 씨의 감정이 어떨지 충분히 이해가 갑니다. 이후 그가 말하는 불평을 들어야 합니다. 그는 이미 화가 나 있고 우리가 아무리 변명하거나 설명하려 해도 전혀 도움이 되지 않을 것이니,

그가 말할 기회를 드리고 이후 잘 들으면서 행동해야 합니다. 우리는 전문적인 서비스를 제공하는 직종에 지원을 하고 있기 때문에 좋은 태도를 유지하는 것이 매우 중요합니다.

Opinion 03

> 과거 기록을 체크해서 손님이 선호하는 것을 알아내야 해요.

C **lovely idea**. After listening, I think checking his record is also important. From his record, we can get more information of him, for example, whether he is a frequent visitor or his preferable room types, so on. If we know his preferences, it would be easier to offer a room type and necessary items for him.

참 자상하십니다. 이야기를 잘 들은 후에 저는 그의 기록을 체크하는 것이 매우 중요하다고 생각합니다. 과거 기록을 체크하면 그가 자주 오는 방문객인지 아닌지를 쉽게 가늠할 수 있으며 또한 그의 선호하는 방의 타입 등도 알 수 있습니다. 만약 우리가 스미스 씨의 선호도를 안다면, 방의 타입과 선호하는 것 등에 대해서 쉽게 제안할 수 있을 것입니다.

Opinion 04

> 호텔에 남은 방이 없다면, 근처 다른 호텔도 알아봐야 해요.

D **That's good**. But we should think about the worst scenario like if there is no spare room at all. In that case, we think about an alternative idea such as checking other branch of the same hotel or the nearest hotels. I used to work in a hotel and experienced in the same case. If we do our best to offer our special service to the customers, they would be happy.

좋습니다. 하지만 우리는 최악의 시나리오까지 생각해 보아야 합니다. 만약에 그 호텔에 더 이상 가능한 방이 없을 수도 있기 때문입니다. 그 경우에는, 우리는 체인 호텔이나 근처의 호텔에 가능한 방이 있는지에 관련해서도 물어보는 대안에 대해서 생각해 보아야 합니다. 저는 이전에 호텔에서 근무한 경험이 있기 때문에 다음과 같은 경우를 이미 경험했습니다. 하지만 우리가 최선을 다해서 고객에게 특별한 서비스를 제공한다면, 그들도 우리의 노력에 만족할 것입니다.

Opinion 05

> 다양한 서비스 제공으로 손님의 마음을 헤아려야 해요.

A **That's a great idea.** And then for compensation, it would be good to offer welcoming drinks and free meals or sauna coupons that can make the customer feel much better.

좋은 의견입니다. 그리고 보상으로 환영 음료 그리고 무료 식사 또는 사우나 쿠폰 같은 것을 제공하는 것이 고객의 마음을 달래는 것일 것입니다.

Opinion 06

> 지속적인 모니터링이 중요해요.

B **I agree 100%.** And lastly, the most important is following up special service for him. We always keep checking if the customer is happy. Because they might not be happy with our service. Therefore, never forget to keep an eye on that customer.

네, 저도 동의합니다. 그리고 마지막으로 지속적으로 지켜보는 것이 매우 중요합니다. 우리는 항상 고객이 괜찮은지 아닌지에 관해서 지켜봐야 합니다. 왜냐하면 그들이 우리의 서비스에 기뻐하지 않을 수도 있기 때문입니다. 그렇기 때문에 고객을 지속적으로 지켜보아야 합니다.

A **Lovely idea. Ladies and gentlemen, Time is up now. It was really good time to talk with you. Thank you.**

좋은 의견입니다. 여러분, 시간이 다 됐습니다. 이야기 나누어 정말로 좋았습니다. 감사합니다.

TIP

서비스의 마지막 부분인 "follow up" 단계에서는 고객에 대한 지속적인 모니터링이 매우 중요합니다. 이 점을 잊지 말고 언급해주면 좋겠습니다.

✚ 단어 체크

- **service provider** 서비스 제공자
- **frequent visitor** 빈번히 방문하는 자
- **compensation** 보상
- **preferred** 선호하는
- **hard work** 노력
- **follow up** 지속적으로 관찰하다, 연락하다

17. What are the upside and the down side of living in abroad? Choose each 3 things.

외국에 살면 좋은 점과 나쁜 점 3가지를 정하시오.

토론하기에 앞서, 이것만은 알고 가자!

면접관은 이 토론 면접에서,

지원자의 타 문화의 이해도는 어떠한가? 외국생활의 적응력은 어떠한가? 상대방 의견의 존중과 지지를 어떻게 하는가? 등을 평가하게 됩니다. 이 주제는 외국에 거주해야 하는 지원자 혹은 외국계 회사에서 다양한 문화에 둘러싸여 일하게 될 지원자들에게 매우 필수적인 주제입니다. 다문화를 이야기할 때는 respect(존중)와 understand(이해)가 늘 언급이 되어야 타 문화를 잘 이해할 수 있는 지원자의 모습을 보여줄 수 있습니다.

- 견문을 넓힐 수 있고 열린 마음을 가질 수 있게 된다.
- 그 나라의 언어와 문화를 배울 수 있게 된다.
- 많은 외국인 친구들을 사귈 수 있다.
- 물가가 비싼 나라에서 살기가 어려울 수도 있다.
- 언어의 장벽으로 불편을 겪을 수 있다.
- 문화차이나 종교 때문에 갈등을 겪을 수도 있다.

디스커션 시나리오 #17

A Today, we are going to talk about what are good and bad things about living aboard. I think it is a quite interesting topic and I guess some of people already have been to other countries, so there could be so many things to talk. Let's start our discussion.

오늘 우리는 외국에서 살면 좋은 점과 나쁜 점에 대해서 이야기해 보겠습니다. 이미 외국 경험이 있는 사람들이 몇몇 있어서 이 주제가 할 이야기도 많아서 매우 재미있을 것이라고 생각합니다. 이제 토의를 시작해 보겠습니다.

TIP

토론을 시작할 때는, 간단한 인사를 하여 서먹한 분위기를 깨도록(ice breaking) 합니다. 또한 주제를 다시 한 번 언급하며 지원자들에게 상기시켜 주면서 주위를 환기시킵니다.

Opinion 01

넓은 시각과 열린 마음을 가지게 되어요.

B I think it helps us broaden our views and be open-minded people. If we only stay in a same country, there's no way to learn different cultures. In fact, I was in Canada for a year when I was a high school student, it was a good chance to experience other culture and the people.

저는 외국에서 사는 것이 우리에게 넓은 시각과 열린 마음을 가진 사람이 되도록 해준다고 생각합니다. 우리가 같은 나라에만 산다면, 다른 문화를 알지 못할 것입니다. 사실, 저는 제가 고등학생 당시 캐나다에서 1년 살았던 경험이 있는데, 그것이 다른 문화와 사람들을 경험하는데 좋은 기회였습니다.

Opinion 02

그 나라의 언어와 문화를 배우게 되어요.

C **Definitely, I agree 100%.** I was in Malaysia last year to study English. Malaysia is a Muslim country and there are so many dos and don'ts. For example, they are not allowed to eat pork and alcohol in public places, and plus they pray 5 times a day in mosques. Before I have been to Malaysia, I had never known about Muslim and their unique culture. Moreover, I could learn their basic language which is Malay. So at the end, I could communicate with natives to bargain the price in a market. Still now, I have a good memory with the life in Malaysia.

맞습니다. 그 의견에 동의합니다. 저는 영어공부를 때문에 작년에 말레이시아에 있었습니다. 말레이시아는 무슬림 국가이며 그곳에는 해야 할 것들과 하지 말아야 할 것들이 있었습니다. 예를 들어, 공공 구역에서 돼지고기를 먹는 것과 술을 마시는 것이 허락되지 않으며 하루에 5번 모스크에서 기도를 합니다. 말레이시아에 오기 전에는 무슬림과 특별한 문화를 전혀 몰랐습니다. 더욱이 저는 그 나라 언어인 기초 말레이어를 배울 수 있었습니다. 게다가 저는 점원과 가격까지 흥정할 수 있었습니다. 여전히 말레이시아의 생활을 좋은 추억으로 간직하고 있습니다.

TIP
본인의 경험을 토대로 의견을 제시하는 방법은 본인의 의견을 잘 제시하고 상대방에게 이해도를 높일 수 있는 좋은 의견제시 방법의 예입니다.

Opinion 03

많은 외국인 친구들을 사귈 수 있게 되어요.

A **I see what you're saying.** Also, I guess we can make many foreign friends. In my case, I had a hotel internship in Singapore, there were so many kinds of co-workers having different nationalities and we still keep in touch each other.

알겠습니다. 또한 저는 많은 외국인 친구들을 사귈 수 있다고 생각합니다. 제 경우에는, 싱가포르에서 호텔 인턴십을 한 적이 있었는데, 그곳에서 사귄 많은 다른 출신의 동료들과 여전히 연락하며 지내고 있습니다.

Opinion 04

> 물가가 비싼 나라에서 살기가 어려울 수도 있어요.

D **Exactly. You've got the point but** I think we have to consider the high cost of living which could be the down side of living abroad. I heard that living in major cities such as Sydney, Paris, New York or Moscow costs a lot. For example, while I was traveling in Northern Europe, the cost of living was very high and it was so expensive to eat and enjoy myself. That moment, I thought it could be difficult to live in there.

그렇습니다. 좋은 이야기지만 제 생각에는 비싼 물가가 외국에 살기에 나쁜 점이 될 수도 있다고 생각합니다. 저는 시드니, 파리, 뉴욕 혹은 모스코바와 같은 주요 도시에서 사는 것이 많은 비용이 든다고 들었습니다. 예제로, 제가 여행했을 때, 물가가 매우 비싸서 먹거나 즐기기에 조금 힘들었던 적이 있었습니다. 저는 그때 비싼 물가가 생활하기 힘들 수 있는 점일 것이라고 생각했습니다.

Opinion 05

> 언어의 장벽으로 불편할 수도 있어요.

E **Of course. I will tell you more about** down sides. I guess languages could be difficult for people living abroad. If someone is not able to speak local languages, doing simple tasks would seem to be hard. For example, foreigners living in Korea have a hard time to communicate. However, nowadays we put more English signs and hire more English interpreters in publics to try to improve the difficulties. Therefore, if you want to live aboard, you should learn their local language first and remove the language barrier.

물론이죠. 제가 부정적 요소에 대해 더 말해 보겠습니다. 저는 언어가 사람들이 외국에 살 때 나쁜 점이 될 수 있다고 생각합니다. 만약 사람들이 그 나라의 언어를 말하는 것이 불가능하다면 작은 일도 두려워질 것입니다. 예를 들어, 한국에 살고 있는 외국인들은 의사소통에 어려운 점을 겪습니다. 그렇지만 요즘 더 많은 영문 표시와 통역사들

TIP

반대의 의견을 제시할 때는, 상대방의 의견을 존중하면서 본인의 의견을 내세웁니다.

을 더 채용하여 어려움을 개선하려고 노력하고 있습니다. 그러므로 외국에 살고 싶기를 원한다면 먼저 그들의 언어를 배워 언어장벽을 제거하려는 노력이 필요합니다.

Opinion 06

> 문화나 종교 때문에 불편할 수도 있어요.

F Exactly. I believe cultures and religions could be the difficulties of living in other countries. Because I am sure this matter would be come out as main issues to consider to live abroad. For example, normally showing thumb up is good way to cheer or compliment others but it has a bad meaning in some countries. Therefore, we need to understand and respect the culture properly while living in other countries. Otherwise, we might get in trouble by misunderstandings.

그렇습니다. 저는 문화나 종교가 다른 나라에 살 때 어려운 점이라고 생각합니다. 왜냐하면 저는 문화나 종교가 외국에 살 때 중요한 역할을 한다고 확신하기 때문입니다. 예를 들어, 일반적으로 엄지를 올려 보이는 것이, 상대방을 응원하거나 칭찬할 때 쓰는 좋은 의미이지만 어떤 나라에서는 나쁜 의미로도 쓰입니다. 그러므로 우리는 다른 나라에 살 때 이해와 존중하는 마음을 가지고 있는 것이 필요합니다. 그렇지 않으면 우리는 오해를 가져올 수 있기 때문입니다.

A Lovely! Ladies and gentlemen, Time is almost finished and we need to choose from our ideas. I guess we all mentioned the 3 upsides and the 3 downsides of living in abroad, is it right? Can we choose all ideas we've discussed now?

좋습니다. 여러분, 시간이 거의 다 되어서 이제 우리 토론의 의견을 선택해야 합니다. 제 생각에는 우리가 외국에 살 때 좋은 점 3개와 나쁜 점 3개를 모두 다 언급한 것 같은데 맞습니까? 그럼 우리가 토론한 이것으로 결정해도 될까요?

TIP

문화를 언급할 때는 "respect" (존중)와 "understand"(이해)를 언급하여 문화의 이해도를 높이는 것이 중요합니다.

TIP

"결론도출형"식 토론 면접에서는 주어진 시간에 결론을 도출하는 것이 매우 중요합니다.

B Yes, of course. Good. It was really good time to talk with you. Thank you.

네, 물론이죠. 좋습니다. 이야기 나누어 정말로 좋았습니다. 감사합니다.

+ 단어 체크

- broaden 넓어지다, 넓히다
- cost of living 생활비
- compliment 칭찬
- mosque 모스크, 이슬람교의 예배당
- language barrier 언어장벽

18. If you visit a new planet, what would you take with you? Choose 2 items.

새로운 행성에 방문한다면 무엇을 가져갈 것인가? 2가지를 정하시오.

토론하기에 앞서, 이것만은 알고 가자!

면접관은 이 토론 면접에서,

지원자의 아이디어는 어떠한가? 창의적인 지원자인가? 그리고 상대방 의견의 존중과 지지를 어떻게 하는가? 등을 평가하게 됩니다. 비슷한 주제로, **If you go to a desert island, what would you take with you? Choose 5 items.**(만약 당신이 무인도에 간다면 무엇을 가져갈 것인가? 5개를 정하라.), **If you were ingredients of salad, what would you like to be?**(만약 샐러드의 재료가 된다면, 어떤 것이 되고 싶은가?) 등의 기출문제가 있습니다.

- 스마트폰
- 전 남자친구
- 비닐 백
- 카메라
- 산소
- 책

디스커션 시나리오 #18

Opinion 01

> 스마트폰을 가져갈 거예요.

A Today our topic is very interesting. **In my case**, I would like to take a smart phone. The smart phone makes life easier and convenient. If there is WIFI, it would be helpful to search what I need around the universe.

오늘 주제가 참 재미있습니다. 저는 스마트폰을 가져가고 싶습니다. 스마트폰은 삶을 쉽고 편하게 만듭니다. 새 행성에 와이파이가 있다면, 저는 제 스마트폰을 가지고 우주 주변에 필요한 것을 찾을 것입니다.

TIP
심각하지 않은 주제에 관련한 본인의 의견은 자신만의 창의적이고 개성이 녹아있는 의견을 반영하여 토론을 진행하는 것이 좋습니다.

Opinion 02

> 전(前) 남자친구를 데려갈 거예요.

B That's a so lovely idea. I has just popped up the idea which is my ex-boyfriend. He is so intelligent and strong so I would never worry if I am with him in a new planet. Also he has lots of knowledge about everything, so he would be very helpful.

참 좋은 의견입니다. 갑자기 의견이 생각이 났는데, 저의 "전(前) 남자친구"입니다. 그는 똑똑하고 강한 사람이라 함께 있다면, 새 행성에서도 그가 있으면 걱정이 없을 것 같습니다. 또한 그는 모든 것에 지식이 많아서 그를 데리고 간다면 매우 도움이 많이 될 것입니다.

TIP
보수적인 기업에서는 이성 친구를 언급하지 않는 것이 좋으니, 참고하도록 합니다.

A **You bet.** Even my father is also very smart as like you're ex-boyfriend. I would consider to my father as well.

맞습니다. 심지어 저희 아버지도 당신의 전 남자친구와 비슷하게 현명하십니다. 저도 저희 아버지를 한번 생각해 봐야겠습니다.

Opinion 03

> 비닐 백을 가져갈 거예요.

C **Definitely. For me,** I would like to take plastic bags. Because for sure there would be many meteorites. If I take one full plastic bag of meteorites, I would become a rich man after selling all meteorites. Hopefully, I could help poor people around me and to be happy with them.

맞습니다. 저는 비닐 백을 가져가고 싶습니다. 왜냐하면 그곳에는 많은 운석들이 있을 것입니다. 제가 봉투 한 가득 운석을 담아오면, 저는 그 운석들을 모두 팔아서 부자가 될 것입니다. 바라건대, 제 주변의 불우한 사람들을 돕고 그들과 행복하고 싶습니다.

TIP
자신만의 독창적인 의견이 반영되도록 더 많은 브레인스토밍을 연습해 보는 것이 중요합니다.

Opinion 04

> 카메라를 가져갈 거예요.

D **I bet** you are a warm hearted person. I have a different idea. I would like to take a camera. The reason why I want to take a camera is that sharing beautiful views of the new planet with people. It must be a picture that we would have never seen in our lives.

당신은 참 마음이 따뜻한 사람인 것 같습니다. 저는 다른 의견을 가지고 있습니다. 저는 "카메라"를 가지고 가고 싶습니다. 카메라를 가져가고 싶은 이유는 새 행성의 아름다운 모습을 사람들과 공유하고 싶어서입니다. 아마도 그 사진은 우리가 태어나서 한 번도 본 적이 없는 사진이 될 것이라 확신합니다.

Opinion 05

> 산소와 책을 가져갈 거예요.

E That is a brilliant idea. I have an another idea that I would like to take oxygen. I am pretty sure there's no oxygen in new planet, so it would be very useful to live there. One more idea is that I would like to take my favorite book named "Anger" written by "Tik nik han". It has all good stories and gave me wisdom. And it would make my life brave and wise in new planet if I will take oxygen and my favorite book.

참 멋진 의견입니다. 저는 산소를 가져가고 싶습니다. 새 행성에는 분명 산소가 없을 거라고 확신합니다. 그래서 산소를 가져가면 그곳에서 지내는데 매우 유용할 것이라고 생각됩니다. 한 가지 의견이 더 있는데, 제가 좋아하는 "틱닛한" 스님의 "화"라는 책을 가져가고 싶습니다. 그 책은 좋은 내용이 많고 저에게 지혜를 주는 책입니다. 확실히, 산소 그리고 제가 좋아하는 책을 가져가면 새로운 행성에서의 삶을 용감하고 현명하게 만들어 줄 것입니다.

A We have just few minutes left. Let's summarize all our topics and choose 2 main ideas. What about raising our hands if you agree on some ideas?

시간이 얼마 안 남았습니다. 이제 우리 주제를 정리해 보고 2가지 주요 의견을 선택해 봅시다. 각자 좋아하는 의견에 대해 손을 올리는 것은 어떻습니까?

B Do you mean majority rules, right?

다수결을 말씀하시는 것이죠?

(TIP)
"다수결"에 의거하여 결론을 도출하는 방법이 "결론 도출형" 토론 면접에서 매우 빈번히 사용되고 있으니 참고하는 것이 좋습니다.

A **Yes, right.** Because all ideas are brilliant, it's hard to pick only 2 ideas. Can you raise your hands if you like to take a smart phone?

네, 맞습니다. 왜냐하면 모든 의견이 좋아서 2가지 의견만 뽑기가 불가능할 것 같기 때문입니다. 스마트폰을 가져가고 싶으신 분 손을 올려 주시겠습니까?

[TIP]
이후 차근히 다른 의견에 대해서도 "다수결"에 의거해서 결론을 도출하도록 유도해 봅시다.

✚ 단어 체크

• **meteorite** 운석

• **majority rule** 다수결

19. As you know, global warming is a serious topic now. Can you suggest 3 things that we can keep out the earth from global warming?

현재 지구온난화가 심각한 문제로 대두되고 있다.
지구온난화에서 어떻게 지구를 지킬 수 있을지 3가지의 대안을 내놓으시오.

토론하기에 앞서, 이것만은 알고 가자!

면접관은 이 토론 면접에서,

지원자의 환경문제에 대한 관심은 어떤가? 현실적인 대안이 있는가? 팀워크 기술은 어떠한가? 그리고 상대방 의견의 존중과 지지를 어떻게 하는가? 등을 평가하게 됩니다.

- 재활용 하기(일회용품 사용 줄이기)
- 대중교통 이용하기(가까운 거리는 걷거나 자전거 타기)
- 겨울철 옷 껴입고 난방비 줄이기
- 여름철 에어컨보다 선풍기 사용하기
- 나무나 식물 심기
- 쓰지 않는 전기제품 플러그 빼기

디스커션 시나리오 #19

A Today, we are going to talk about how we can reduce global warming. I'd like to go first for our discussion, is it okay?

오늘은 지구온난화를 줄이기 위한 이야기를 해 보겠습니다. 제가 먼저 시작해도 되겠습니까?

B Absolutely, go ahead.

그럼요. 시작하세요.

TIP

양보와 배려는 토론 면접에서 제일 크게 평가하는 기준입니다.

Opinion 01

대중교통을 이용해야 해요.

A I think using public transportations is the best way to reduce global warming. For example, taking a bus, a train, a subway or other forms of public transportations could make one's individual greenhouse gases emission lower. Also when you take public transportations, you can get extra time to read, think and relax. Plus, you can also save parking fee as well.

저는 대중교통을 이용하는 것이 지구온난화를 줄일 수 있는 최고의 방법이라고 생각합니다. 예를 들어, 버스나 기차 그리고 지하철을 타는 것 또는 여러 형태의 대중교통을 이용하는 것입니다. 이것은 개인이 배출하는 온실가스를 줄여주기도 합니다. 또한 당신이 대중교통을 이용함으로써, 책을 읽거나 생각하고 쉬는 시간을 추가로 가지게 될 것입니다. 게다가 주차비도 아낄 수 있습니다.

B Exactly. That's true. I'd like to add something to it. I think taking a bike and walking in short distance instead of a car is a very simple and easy solution. I used to ride a bicycle after my class finished when I was a student. At that moment, I could save money and it was great way to work out.

맞아요. 그렇습니다. 이 의견에 제 의견을 덧붙이고 싶습니다. 저는 자동차를 타는 대신에 자전거를 타거나 짧은 거리를 걷는 방법이 단순하고 쉬운 해결책이라고 생각합니다. 제가 학생일 때, 하교 시 자전거를 타고 다녔습니다. 저는 그 당시 돈을 아낄 수 있었고 효과적으로 운동도 할 수 있었습니다.

Opinion 02

재활용을 해야 해요.

C Definitely. I partly agree with that using public transportations. But I think we have to reuse and recycle more. Now we are using so many disposable products every day. It is very convenience but it causes garbage problems. Therefore encouraging myself to use eco-bags instead of paper or plastic bags. Also we should recycle bins to dispose of glass, plastic and other reusable items.

그렇습니다. 저는 대중교통을 이용하는 것에 부분적으로 동의합니다. 하지만 저는 우리가 재사용과 재활용을 더 해야 한다고 생각합니다. 현재 우리는 수많은 일회용품을 매일 사용하고 있습니다. 이것은 편리하긴 하지만 쓰레기문제로 대두됩니다. 그러므로 우리는 쇼핑할 때 종이 백이나 플라스틱 봉투보다는 에코백을 사용하도록 스스로 권장해야 합니다. 또한 병은 유리와 함께, 플라스틱과 다른 쓰레기들을 재활용하도록 합니다.

B That's a good idea. I also use refillable items instead of buying new items each time. I guess it is also a good way to reduce global warming.

참 좋은 의견입니다. 저도 새로운 제품을 사기보다는 리필이 가능한 제품을 씁니다. 이것이 지구온난화를 줄이는데 좋은 방법이라고 생각합니다.

TIP
최근에는 환경관련 토론 주제가 다소 많이 기출되고 있으니, 환경에 관련된 기사나 의견을 지원 전에 생각해 보는 것이 중요합니다.

Opinion 03

겨울철에는 옷을 껴입어요.

C **Lovely ideas. As far as I know** saving energy is the best way to reduce global warming as well. Therefore, we have to wear more clothes and use less heating fuel. So that, we can save energy and heating costs both.

좋은 생각이시네요. 제가 알기에는 난방연료를 절약하는 방법이 지구온난화를 줄이는데 좋은 방법이라고 생각합니다. 그러므로 옷을 더 입어 난방비를 아낄 수 있습니다. 따라서 에너지와 난방비를 모두 아낄 수 있습니다.

Opinion 04

여름철에는 에어컨 사용을 줄여요.

D **That makes sense. I have a little bit similar ideas with you.** Especially, we have so much consumption of using air conditioner (A/C) during summer. But as you know, using A/C causes high greenhouse gases emission. Therefore, we rather use a fan or drink water frequently instead of using A/C. Finally, we could save energy and costs both.

그렇군요. 저는 당신과 비슷한 의견을 가지고 있습니다. 특별히, 여름에 에어컨 소비가 매우 많습니다. 하지만 아시다시피, 에어컨 소비 시 온실가스 배출을 야기시킵니다. 그러므로 우리는 에어컨보다 선풍기를 사용하거나 물을 자주 마셔야 합니다. 그래서 우리가 에너지와 비용을 아낄 수 있습니다.

> **TIP**
> 본인이 주제에 대해서 의견이 전혀 없었더라도, 상대방의 의견을 듣고 나서 나만의 의견을 얻을 수 있으니 조급해하지 말고 끝까지 토론을 경청하며 기다려 보는 것이 좋습니다.

Opinion 05

나무를 심어요.

E **I think** planting trees is the best way to make the earth green. Trees provide oxygen. Also global over-consumption of paper destroys forest seriously. To make our forest green and get fresh oxygen, we need to plant many trees.

저는 나무를 심는 것이 지구를 푸르게 만드는 최고의 방법이라고 생각합니다. 나무는 우리에게 산소를 제공해 줍니다. 또한 현재 많은 종이의 소비로 많은 산림이 심각하게 파괴되었습니다. 상쾌한 산소를 생산하고 산림을 푸르게 하기 위해서 우리는 많은 나무를 심어야 합니다.

A That's exactly what I want to say. There are so many side effects of global warming such as flood, droughts, water shortages and storm etc. Temperature of the earth is getting higher and people are suffering from the effects of it. Thus, we have to do even small things from now.

그게 제가 하고 싶었던 말입니다. 현재 홍수, 장마, 물 부족 그리고 폭풍 등의 지구온난화의 부작용이 잔재합니다. 지구의 온도는 점점 올라가고 사람들은 지구온난화 효과에 고통 받고 있습니다. 그렇기 때문에 우리는 작은 것 하나하나 실천해야 합니다.

Opinion 06

쓰지 않는 전기제품 플러그를 빼요.

F You're right. I think if you want to practice from small things every day, we should unplug unused electrics which is a simple way to reduce global warming. If unplugging becomes our habits before going to bed, we could save the energy.

그렇습니다. 만약 당신이 작은 일을 매일 실천하고 싶다면, 쓰지 않는 전기제품의 플러그를 빼는 것이 지구온난화를 줄이는 데 쉬운 방법입니다. 만약 플러그 빼는 것을 잠자기 전에 습관으로서 지킨다면, 많은 에너지를 아낄 수 있을 것입니다.

A I think all ideas are good enough to choose only 3 ideas. Is there anyone who would like to talk more supporting ideas?

TIP
결론을 몇 가지 내야 하는 토론 면접에서는 상대방의 의견을 지지하고 자유롭게 이야기하면서 자연스럽게 결론을 도출합니다.

제 생각에는 3개의 아이디어만 선택하기에는 모든 아이디어가 훌륭하다고 생각합니다. 혹시 지지하실 의견을 말씀해 주실 분 계신가요?

E I definitely support my idea which is planting trees. Because it would be the best solution for people and the earth both. Even we have a "tree-planting day" in Korea. If we plant 1 tree in each family on the day every year, it would be very helpful to reduce global warming.

저는 나무를 심는 저의 의견을 지지합니다. 왜냐하면 나무를 심는 것이 사람들과 지구 모두에게 최고의 해결책이 될 것이기 때문입니다. 심지어 우리는 "식목일"이 있습니다. 만약 우리가 매년 식목일에 한 가족에 나무 한 그루씩 심는다면 지구온난화를 줄이는 데 큰 도움이 될 것입니다.

B In my case, I support unplugging unused electrics. Because as you know, it is the simplest way to do every day. Also, I think even from young and old, anyone can do it at home.

저는 쓰지 않는 전기제품 플러그를 빼는 것을 지지합니다. 왜냐하면 이 방법은 매일 실천할 수 있는 단순한 방법이기 때문입니다. 제 생각에는 심지어 어린아이와 노인들 모두 실천할 수 있는 방법이라고 생각합니다.

✚ 단어 체크

- **reduce** 줄이다
- **greenhouse gas** 온실가스
- **reuse** 재사용
- **encourage** 권장하다
- **dispose of** ~을 처리하다
- **frequently** 자주
- **unplug** 전기플러그를 뽑다
- **refillable item** 리필이 가능한 제품
- **public transportation** 대중교통
- **emission** 소비하다
- **recycle** 재활용
- **disposable** 일회용의
- **heating fuel** 난방연료
- **side effect** 부작용
- **tree-planting day** 식목일

20. How to find and hire great employees? Choose 5 requirements of right employees.

어떻게 좋은 직원을 채용하는가? 5가지 자격 요건을 정하시오.

토론하기에 앞서, 이것만은 알고 가자!

면접관은 이 토론 면접에서,

지원자의 인재 채용 시 혹은 입사 시 어떠한 의견을 가지고 있는가? 개인의 철학이나 인생관은 어떠한가? 그리고 상대방 의견의 존중과 지지를 어떻게 하는가? 등을 평가하게 됩니다.

- 시간을 잘 지키는 사람
- 안전의식이 있는 사람
- 좋은 태도를 가진 사람
- 잘 웃는 사람
- 일에 프로페셔널한 사람
- 깔끔한 외양을 가진 사람
- 상대방의 의견을 존중하고 이해할 줄 아는 사람

디스커션 시나리오 #2O

A Let's discuss what qualifications should we consider to choose the best employees. I want to go first about this topic, may I?

자, 좋은 직원을 구할 때 어떤 점을 봐야 하는지에 관해 이야기해 봅시다. 제가 먼저 시작해도 되겠습니까?

B Go ahead, after you!

네, 먼저 시작하세요.

TIP
좋은 매너로서, 여유있고 배려심 있는 지원자의 모습을 보여주도록 하는 것이 중요합니다.

Opinion 01

> 시간을 잘 지키는 것이 중요해요.

A Thank you, I always think good employees should keep on time. If someone always keeps "punctuality", it means they think their job seriously. And they would consider that if they are late even one minute, it might bring damage to their company. So that I think "punctuality" is the most important qualification to be a good employee.

TIP
양보에 대한 감사의 인사도 잊지 않습니다.

감사합니다. 저는 항상 좋은 직원의 조건으로 "시간을 잘 지키는" 것이라고 생각합니다. 시간을 잘 준수한다는 의미는 직업적으로 진지하게 생각하고 있다는 뜻이며, 내가 만약 일 분이라도 늦는다면 그것이 회사에는 큰 피해가 갈 수도 있습니다. 그러므로 저는 "시간을 잘 지키는" 것이 좋은 직원이 되는 중요한 자질이라고 생각합니다.

Opinion 02

좋은 외양을 지키는 것이 중요해요.

C I guess, keeping "nice grooming" is the most important element. Because if we join the company, definitely we would be the representative of the company. Therefore, keeping neat and nice grooming with good attitude is the most important qualification.

제 의견은 "좋은 외양"을 지키는 사람이 좋은 요소라고 생각합니다. 우리가 회사에 입사하고 나서는 절대적으로 우리가 회사를 대표하게 됩니다. 따라서 우리는 항상 좋은 외양과 좋은 태도를 지키는 것이 무엇보다 중요한 자질이라고 생각합니다.

Opinion 03

프로페셔널함이 중요해요.

B That's a lovely idea. I want to add an idea which is "professionalism". It applies not only in this job but also all kinds of jobs. If we have "professionalism" in our minds at work, we can be the best in this fields. Thank you.

참 좋은 의견입니다. 저는 그 의견에 한 가지 덧붙여 말씀드리고 싶은 것이 "프로페셔널함"입니다. 이것은 오직 이 직업에만 관련 있는 것이 아니라 모든 직업에서 그렇습니다. 만약 우리가 "프로페셔널함"을 마음속에 두고 우리의 일을 한다면, 우리는 이 분야에서 최고가 될 수 있을 것입니다. 감사합니다.

Opinion 04

안전의식을 가지고 있는 것이 중요해요.

D That's brilliant! I love your idea. But I think having "safety awareness" is the most important qualification to be a good employee. I found out so many accidents happened in many places. Therefore, if someone always tries to keep safety regulations and has knowledge of safety, the company would depend on them in many ways.

참 좋은 의견이네요. 저는 그 의견에 대해 찬성합니다. 하지만 저는 "안전의식"이 있는 사람이 좋은 자격조건에 포함된다고 생각합니다. 요즘 많은 곳에서 사고가 일어나는 것을 발견할 수 있습니다. 그러므로 항상 안전규칙을 지키고 안전지식이 있는 사람이라면 기업이 많은 방향으로 신뢰할 수 있을 것 같습니다.

Opinion 05

> 좋은 미소를 유지하는 것이 중요해요.

C I have just popped up a new idea which is "keeping nice smile". As I mentioned before that nice grooming is the most important, but keeping nice smile is also important. It would help to make better working environment and relationships with co-workers. I am sure that smiling face could bring nice atmosphere.

"좋은 미소를 유지하는 것"이 제가 갑자기 생각난 의견입니다. 제가 이전에 좋은 외양이 중요한 조건이라고 말씀드렸는데 좋은 미소를 짓는 것 또한 중요하다고 생각합니다. 이것이 좋은 근무환경과 동료와의 관계를 만드는데 도움이 될 것입니다. 저는 웃는 얼굴이 좋은 분위기를 가지고 올 것이라고 확신합니다.

Opinion 06

> 상대방을 존중하고 이해할 수 있는 것이 중요해요.

E I found that we are running out of our time. Lastly, I would like to suggest someone who can "understand" and "respect" others. I think working a member of a team, cooperation and making harmony are the most important issues. If we work with strong team-work, eventually it would bring better profit which is good for the company.

TIP
토론의 종료가 임박함을 암시한다면, 본인이 제시하고 싶은 의견이 많더라도 간단하게 전달하는 태도가 매우 중요합니다.

이제 시간이 별로 없네요. 마지막으로, 저는 상대방을 "존중"하고 "이해"할 수 있는 사람을 추천하고 싶습니다. 저는 팀으로 일하며 팀의 일원이 되는 것에서, 서로 협동하고 화협을 만드는 것이 무엇보다도 중요한 일이라고 생각합니다. 우리가 강한 팀워크로 일한다면, 우리는 마침내 좋은 이득을 낼 수 있으며 회사에 득이 될 수 있습니다.

A **Thank you so much.** Now we need to choose only 5 ideas among 7 ideas. Actually, I strongly suggest the ideas of "punctuality" and "safety awareness".

감사합니다. 이제 우리는 7개의 의견 중에서 5개만 선택해야 합니다. 사실 저는 "시간을 지키는 것"과 "안전의식"의 의견이 좋다고 생각해 추천하고 싶습니다.

D **Exactly. I have the same thought. In addition, I'd like to suggest an idea of** "professionalism" as well. Is there anyone who agrees with me?

그렇습니다. 저도 같은 생각입니다. 게다가 저는 "프로페셔널함"을 더하고 싶습니다. 저와 같은 생각하시는 분 없으십니까?

C **I support your idea. It is a really good idea.** So far, we have chosen 3 ideas of them. Can I add 1 more idea?

저도요. 정말 좋은 의견인 것 같습니다. 지금까지 우리는 3개의 의견을 선택했습니다. 제가 한 가지 의견을 더 추가해도 되겠습니까?

TIP
의견 도출을 위해서 팀원들과 지속적으로 내용을 추려나가고 덧붙임으로써 자연스러운 팀워크를 발휘한다면, 토론 면접에서 좋은 점수를 받을 수 있습니다.

+ 단어 체크

- element 요소
- qualification 자질
- atmosphere 분위기
- on time, punctuality 정각에, 시간을 잘 지키는 것
- working environment 근무환경

21. Now you are in emergency landing. There are a pregnant woman, a doctor, a senior, a scientist, a cabin crew and a pilot. Choose 2 people that you would like to save.

지금 항공기가 불시착을 하는데, 임산부, 의사, 노인, 과학자, 승무원 그리고 파일럿 중 누구를 구하겠는가? 구하고 싶은 2명을 선택하시오.

토론하기에 앞서, 이것만은 알고 가자!

면접관은 이 토론 면접에서,

지원자의 위기 대처능력은 어떠한가? 위급상황 시 어떠한 아이디어를 가지고 있는가? 그리고 상대방 의견의 존중과 지지를 어떻게 하는가? 등을 평가하게 됩니다.

- 임산부 : 2명의 생명을 살릴 수 있다.
- 의사 : 죽어가는 생명을 살릴 수 있을 것이다.
- 노인 : 제일 약한 사람이기 때문에 살려야 한다.
- 과학자 : 과학자는 여러 방법으로 구조요청이 가능할 것이다.
- 승무원 : 승무원은 항공기에 관해 모든 것을 알고 있을 것이다.
- 파일럿 : 파일럿은 항공기와 그리고 구조에 관련해서 많은 지식을 알고 있을 것이다.

디스커션 시나리오 #21

A **Our topic is quite difficult today, because** all lives are important but we have to choose just two. What about gathering all ideas from each single persons from the pregnant woman to the pilot? It might be very helpful and easier to choose just two of them.

모든 생명은 다 소중하기 때문에 단 두 명만 선택하기가 다소 오늘 주제가 어려운 것 같습니다. 그렇다면 임산부부터 파일럿까지 각각 한 사람씩 의견을 내보는 것이 어떨까요? 그것이 아마도 도움이 될뿐더러 두 명을 선택하기에 좀더 쉬울 것 같습니다.

TIP
위의 주제처럼, 가상의 설정을 주고 몇 명을 선택하라는 토론 면접에서는 팀원들과 하나하나의 의견을 수렴하고 추론해 가면서 결론을 설정하는 방법도 많이 쓰이고 있으니 참고하면 좋습니다.

Opinion 01

임산부를 구하는 것을 어떻게 생각하나요?

B **That's a brilliant idea.** Let's go throw the pregnant woman first. I think if we save her that means we save two lives. Also she needs special care as well. May I ask what you think the saving of pregnant woman? Could you share your ideas, please?

참 좋은 생각입니다. 그러면 임산부를 처음으로 시작해 보겠습니다. 제 생각에는 임산부를 살린다면 두 생명을 살릴 수 있으며 또한 임산부는 특별한 보살핌이 필요하기도 합니다. 제가 임산부를 살리는 것에 대해서 어떻게 생각하는지 여쭤봐도 되겠습니까? 의견 좀 나눠 주시겠습니까?

C **Of course, thank you for asking. I totally agree with your idea.** The meaning of saving two lives is big for me.

물론이죠, 물어봐 주셔서 감사합니다. 저는 당신의 의견에 동의합니다. 두 생명을 살릴 수 있다는 것이 저에게는 큰 의미가 있습니다.

A **All right, shall we go to the next?** What do you think of saving the doctor? Maybe the doctor could help in many ways.

좋습니다. 다음으로 가볼까요? 의사를 살리는 것에 대해서 어떻게 생각하십니까? 아마 의사는 여러 가지로 도움이 많이 될 것 같습니다.

TIP
6개의 의견을 정해진 시간에 모두 언급해야 하기 때문에, 적절한 시간분배와 진행을 필요로 하는 토론 방식입니다.

Opinion 02

의사를 구하는 것을 어떻게 생각하나요?

B **I think** the doctor could help in many ways. If the pregnant woman or the senior in danger, he would be very helpful. But I know cabin crews get training regarding to safety, emergency, first aid and service as well. Therefore it is better to save the cabin crew than the doctor.

제 생각에는 의사가 여러모로 많은 도움이 될 것 같습니다. 만약 임산부 혹은 노인이 위험한 상황에 처했을 때도 많은 도움을 줄 수 있을 것입니다. 하지만 기내 승무원은 안전, 비상사태 그리고 응급처치와 서비스까지도 훈련을 받기 때문에 의사보다 승무원을 살리는 것이 더 나을 것이라고 생각합니다.

D **Definitely.** I heard that there are emergency food supplies and first aid kits and etc in cabins. I guess the cabin crew could take the doctor's role easily. Shall we go to the next? What do you think of saving the senior?

그렇습니다. 저는 기내에 비상식량과 구급상자 등이 있다고 들었습니다. 우리는 의사의 역할도 쉽게 할 수 있을 것이라고 생각합니다. 다음으로 가 볼까요? 노인을 구하는 것에 대해서 어떻게 생각하십니까?

Opinion 03

> 노인을 구하는 것을 어떻게 생각하나요?

A **I think** the senior is weak. So, for sure we have to save him. Also he is very experienced, therefore he would give a wise solution in emergency situations.

노인은 제일 약한 사람이라고 생각합니다. 그렇기 때문에 살려야 한다고 생각합니다. 노인은 연륜이 있기 때문에 위급상황에 대해서 해결책을 가지고 있을 것입니다.

C **However,** the pilot, the cabin crew or the scientist has more professional experiences so they would have more solutions, I guess.

하지만 파일럿 그리고 승무원 또는 과학자가 더 전문적인 경험을 가지고 더 많은 해결책을 가지고 있을 것이라고 생각합니다.

Opinion 04

> 과학자를 구하는 것을 어떻게 생각하나요?

A **All right. Let's move on to the next. What do you think of** saving the scientist? Anyone has ideas?

좋습니다. 다음으로 가 봅시다. 과학자를 살리는 것에 대해서 어떻게 생각하십니까? 의견있는 분 계십니까?

C **In my opinion,** the scientist has professional knowledge but in that case, the pilot has much more knowledge about technology. Therefore, I guess it is better to save the pilot than the scientist in this case.

제 의견은 과학자는 물론 전문적인 지식이 있습니다만 이 경우에는 파일럿이 더 많은 기술적인 지식이 있습니다. 그러므로 이 경우에는 과학자보다 파일럿을 살리는 것이 낫다고 생각합니다.

Opinion 05

> 승무원을 구하는 것을 어떻게 생각하나요?

A Shall we talk about the cabin crew? What do you think of saving the cabin crew?

이제 승무원을 살리는 것에 대해서 이야기해 볼까요?

B Sure. As we have mentioned already that cabin crews have good knowledge about aircraft and get well trained in safety, emergency, first aid and service. They have perfect qualifications of saving people. So that if we save the cabin crew, they would save more passengers.

물론이죠. 우리가 이전에 언급했던 승무원들이 기내에 대한 지식이 많고 안전, 비상사태, 응급처리 그리고 서비스에 관련해 잘 훈련 받았습니다. 그들은 다른 사람들을 살리기에 완벽한 자격을 가지고 있습니다. 그러므로 승무원을 살린다면, 더 많은 승객을 살릴 수 있을 것입니다.

TIP
이전에 관련 의견이 나왔다면, 한 번 더 언급해 주어 토론을 매끄럽게 정리해 주도록 하는 것이 중요합니다.

Opinion 06

> 파일럿을 구하는 것을 어떻게 생각하나요?

D I agree 100%. Lastly, let's discuss about the pilot. As we know that pilots are in charge of all cabins. So pilots have ideas how to evacuate in emergency situations through their training and experiences. In addition, the pilot only knows how to fly. Therefore I think we need to save the pilot.

저는 찬성입니다. 마지막으로 파일럿에 대해서 이야기해 봅시다. 우리는 파일럿이 모든 기내를 책임지고 있는 것을 알고 있습니다. 파일럿은 그들의 훈련과 경험을 통해서 위급상황에서 어떻게 대피시키는지에 대한 개념을 가지고 있습니다. 게다가 파일럿이 유일하게 비행기 조종을 할 줄 압니다. 그러므로 저는 파일럿을 구하고 싶습니다.

A **Sorry to interrupt but we are running out of our time. Let's summarize and choose 2 people to save.**

이야기 중 방해해서 죄송하지만 시간이 거의 다 되었습니다. 이제 구할 2명을 요약해 봅시다.

TIP
"Writer" 혹은 지원자 중 누군가 제일 많았거나 긍정적인 의견이 많았던 의견에 관련하여 다시 한 번 요약해 주어 의견결정에 도움을 줄 수 있도록 하는 것이 좋습니다.

+ 단어 체크

- pregnant woman 임산부
- emergency food supply 비상식량
- take a someone's role ~의 역할을 맡다
- evacuate 대피시키다, 탈출하다
- first aid 응급처치
- first aid kit 구급통
- be in charge of ~를 책임지다, 담당하다

22. Imagine, you will go to an orphanage for voluntary service. Choose 5 things that you would like to take with you.

당신이 고아원에 봉사활동을 간다고 가정해 보자. 무엇을 가져갈지 5가지를 정하시오.

토론하기에 앞서, 이것만은 알고 가자!

면접관은 이 토론 면접에서,

지원자의 봉사활동 경험은 어떠한가? 지원자의 장기(talent)는 무엇인가? 인격적으로 어떠한 사람인가? 팀워크 기술은 어떠한가? 그리고 상대방 의견의 존중과 지지를 어떻게 하는가? 등을 평가하게 됩니다.

브레인스토밍

- 즉석 사진기
- 책
- 색칠도구
- 바이올린
- 장난감
- 프리스비(Frisbee)

A Today, we will discuss about what items you would like to take with to an orphanage for voluntary service. I am familiar with this topic because I have so many experiences visiting orphanages. It could be an easy topic to me. May I go first?

오늘 우리는 고아원에 봉사활동을 하러 갈 때 무엇을 가져갈지 정하는 것에 대해서 이야기해 보는 것입니다. 저에게 이 주제가 매우 친숙한데요. 왜냐하면 제가 고아원 봉사활동 경험이 많기 때문입니다. 저에게 매우 쉬운 주제네요. 제가 먼저 시작해도 되겠습니까?

TIP

본인의 경험과 더불어 주제를 한 번 더 언급하여 매끄러운 토론을 시작하고 있습니다.

B Sure, please go ahead.

네 그럼요. 먼저 시작하세요.

Opinion 01

즉석 사진기로 사진을 찍어줄 거예요.

A In my case, I would like to take an instant camera to get pictures directly. Also, for sure they need many pictures to remember for memories from their growing up. So, I want to give them good memories as a gift.

저는 즉석 사진기를 가져가고 싶습니다. 왜냐하면 사진이 바로 나오기 때문입니다. 또한 아이들은 나중에 커서 기억할 사진이 많이 필요합니다. 그래서 저는 그들에게 좋은 추억을 선물로서 주고 싶습니다.

Opinion 02

> 책을 읽어줄 거예요.

B **Definitely. Suddenly, an idea came to my mind.** I like reading books even its illustrations I like to see. Plus, I have nice voice as well. Therefore, I would like to take books and read them with my voice. One of my talent is story-telling, so that my young niece really likes it. I want to make them happy with happy-ending and hopeful stories.

맞습니다. 갑자기 의견이 생각났습니다. 저는 책을 읽는 것과 심지어 책의 그림까지도 좋아합니다. 게다가, 저는 좋은 목소리를 가졌습니다. 그래서 저는 책을 가져가서 그들에게 저의 목소리로 읽어주고 싶습니다. 제 하나의 재능은 목소리 연기이고 저의 어린 조카가 매우 좋아합니다. 저는 그들에게 행복하고 희망에 찬 이야기를 들려주고 행복하게 만들어 주고 싶습니다.

TIP
본인의 장기(talent)를 어필하면서 의견을 제시하는 방법은 여러모로 좋은 효과를 줄 수 있습니다.

Opinion 03

> 색칠도구로 함께 그림을 그릴 거예요.

C **That's a brilliant idea.** In fact, I am good at painting which is my major as well. I want to take painting tools or coloring books, and teach them to draw or do face-painting on their faces. I wish I could teach someone who likes drawing.

좋은 의견입니다. 사실, 저는 그림을 잘 그립니다. 심지어 전공 또한 미술입니다. 저는 미술도구 혹은 색칠놀이 책을 가져가서 그들의 얼굴을 그려주거나 그림 그리는 것을 가르쳐 주고 싶습니다. 저는 누군가 그림을 좋아하는 사람이 있으면 제가 가르쳐 주었으면 좋겠습니다.

Opinion 04

> 바이올린을 가져가서 연주를 해줄 거예요.

D A Good idea. Suddenly, an idea comes to my mind. Actually,

I am good at playing the violin. I am sure that there's no one who doesn't like music. In addition, I can play any kinds of music. For example, K-pop music, pop music even children's songs. If someone has their birthday, I could play a birthday song and make a surprise party.

좋은 의견입니다. 갑자기 의견이 생각났습니다. 사실 저는 바이올린을 잘 연주합니다. 저는 음악을 싫어하는 사람은 아무도 없다고 생각합니다. 게다가 저는 어떤 종류의 음악도 잘 연주합니다. 예를 들어, 케이팝이나 팝송 심지어 동요까지 가능합니다. 만약 누군가의 생일이라면, 저는 생일축하 연주와 깜짝 파티를 열 것입니다.

Opinion 05

프리스비(Frisbee)를 가져가서 함께 놀아줄 거예요.

E Wow, that's amazing. I guess we need to play with them outside as well. So I think taking the frisbee and flying it outside is a good idea. Playing frisbee is simple and everybody can easily enjoy this. Definitely, they would like this.

와, 놀랍습니다. 제 생각에는 야외에서도 그들과 함께 놀아주어야 한다고 생각합니다. 저는 프리스비를 가져가서 야외에서 날리며 노는 것이 좋은 생각이라고 생각합니다. 프리스비로 게임을 하는 것은 간단하고 누구나 쉽게 즐길 수 있습니다. 정말로 좋아할 것입니다.

Opinion 06

장난감을 선물로 줄 거예요.

F That's a lovely idea. I never thought about taking frisbee. You are lovely. In my case, I would like to take toys that kids love to have. Especially, "Pororo" is very popular for kids. I hope they would be happy with "Pororo".

좋은 생각입니다. 저는 프리스비를 가져간다는 것을 생각하지도 못했는데 참 자상하시네요. 저는 아이들이 좋아하는 장난감을 가져가고 싶습니다. 특히, "뽀로로"는 아이들이 매우 좋아합니다. 아이들이 "뽀로로" 선물을 받고 기뻐하기를 바랍니다.

A **That's perfect.** I guess all ideas were good. But we have to choose only 3 ideas. Is there anyone who would like to suggest among those idea?

좋습니다. 제 생각에는 모든 의견이 좋았습니다. 하지만 우리는 여기서 3개의 의견만 선택해야 합니다. 한 가지 의견 제안해 주실 분 계십니까?

B **I can't choose only 3 ideas. But** why don't we think about accepting all ideas? What about taking toys as a frisbee, coloring and picture books, and taking pictures while playing the violin. How about it?

저는 3가지 의견만 선택할 수가 없네요. 하지만 모든 의견을 수렴할 수 있는 방법을 생각하는 것이 어떻습니까? 장난감을 가져가되 프리스비를 가져가고, 책은 색칠놀이와 그림이 들어가 있는 것을 가져가고 또한 바이올린을 연주하면서 사진을 찍는 것 어떻습니까?

[TIP]
결론을 도출할 때는, 옆의 결론의 도출 방법처럼 모든 의견을 최대한 수렴할 수 있는 방법을 생각해 보는 것이 중요합니다. 이때 팀워크가 좋아야 이런 식의 결론이 가능하므로, 서로 존중하고 이해하는 태도로 좋은 팀워크를 보여주도록 하는 것이 매우 중요합니다.

C **That's exactly what I'm trying to say. You are great!**

그게 제가 하려던 말이었습니다. 참 멋지십니다.

➕ 단어 체크

- voluntary service 봉사활동
- orphanage 고아원
- frisbee 2인 이상 던지기 놀이를 할 때 쓰이는 원반

Discussion 기출문제 정리

그동안 기출되었던 토의문제를 되짚어보고, 다양한 브레인스토밍을 해가면서 토의해 봅시다.

- **What are upsides and downsides of Korean culture? Choose each 5 ideas.**
  한국문화의 장점과 단점은 무엇일까? 각각 5개의 의견을 정하라.

- **What are hot issues in the world now? Choose 10 ideas.**
  현재 세계에서 중요한 이슈가 무엇일까? 10개의 의견을 정하라.

- **If you have superpower, what would you change in yourself?**
  만약 당신에게 막강한 힘이 생긴다면, 당신의 무엇을 바꾸고 싶은가?

- **What do you think killing people for money?**
  돈 때문에 사람을 죽이는 것에 대해 어떻게 생각하는가?

- **Let's choose 3 cities, you don't want to visit and you wish to visit in each.**
  방문하고 싶지 않은 도시와 방문하고 싶은 도시 각각 3개씩 정하라.

- **If you have 100 US dollars, what would you do for people around you.**
  만약 당신에게 100달러가 있다면, 주변사람들에게 무엇을 할 것인가?

- **What are 3 important things for friendship?**
  우정에서 중요한 3가지는 무엇인가?

- **If tomorrow is your last day on the earth, how would you spend the time of the day?**
  만약 내일이 지구에서 마지막 날이라면 무엇을 할 것인가?

- **Invite 5 celebrities to your party.**
  당신이 파티를 열 때, 5명의 유명인사를 초대하라.

- Make a birthday plan for your best friend.

  당신의 친한 친구의 생일축하 계획을 세워라.

- What do you think of "Korean wave?".

  "한류"에 대해서 어떻게 생각하는가?

- You will open a restaurant, you need to make a name of the restaurant, set up menus and design a staff's uniform.

  이제 여러분이 식당을 여는데, 식당이름, 메뉴선정 그리고 유니폼을 디자인하라.

- If you go to a desert island, what would you take to there with you? Choose 5 items.

  만약 당신이 무인도에 간다면 무엇을 가져갈 것인가? 5개를 정하라.

- Make a new slogan and logo for our company.

  우리 회사의 새로운 슬로건과 로고를 정하시오.

- If you were ingredients of salad, what would you like to be?

  만약 샐러드의 재료가 된다면, 어떤 것이 되고 싶은가?

- Recommend one perfume for our interviewer.

  면접관에게 향수를 추천해 보아라.

- Choose your life partner among a smart person, a handsome or pretty person, a rich person and a healthy person.

  똑똑한 사람, 잘생긴 혹은 예쁜 사람, 부자 그리고 건강한 사람 중 인생의 반려자를 선택하시오.

격언이나 속담 등을 토론에 인용하면 훌륭한 의견을 만드는 데 큰 도움이 됩니다. 참고하여 적절히 잘 사용할 수 있도록 합시다.

- **Only I can change my life. No one can do it for me.**
  나만이 내 인생을 바꿀 수 있다. 아무도 날 대신해 해줄 수 없다.

- **Life is tough, but it's tougher when you're stupid.**
  인생은 본래 녹록지 않다. 하지만 멍청한 사람에게는 더욱 녹록지 않다.

- **Live simply that others may simply live.**
  남들이 단순하게 살 수 있도록 단순하게 살라.

- **Life is like riding a bicycle. To keep your balance you must keep moving.**
  인생은 자전거를 타는 것과 같다. 균형을 잡으려면 움직여야 한다.

- **Dream as if you'll live forever. Live as if you'll die today.**
  영원히 살 것처럼 꿈꾸고 오늘 죽을 것처럼 살아라.

- **The most wasted of all days is one without laughter.**
  인생에서 가장 의미없이 보낸 날은 웃지 않고 보낸 날이다.

- **Life is a long lesson in humility.**
  인생은 겸손에 대한 오랜 수업이다.

- **A man's character is his fate.**
  인격은 그 사람의 운명이다.

- **Life is full of ups and downs**
  인생은 오르막과 내리막으로 가득하다.

- Live today, forget the past.

  오늘을 살고, 과거를 잊어라.

- Come empty, return empty.

  빈 손으로 왔다가 빈 손으로 돌아간다.

- Never regret yesterday. Life is in you today, and you make your tomorrow.

  절대 어제를 후회하지 마라. 인생은 오늘의 나 안에 있고, 내일은 스스로 만드는 것이다.

- Better late than never.

  안 하는 것보단 늦더라도 하는 게 낫다.

- Easy come, easy go.

  쉽게 온 건 쉽게 간다.

- More haste, less speed.

  급할수록 돌아가라.

- If you laugh, blessings will come your way.

  웃으면 복이 온다.

- Great hopes make great men.

  큰 희망이 큰 사람을 만든다.

- Nothing fails like success.

  성공만큼 큰 실패는 없다.

- Learning to love yourself is the greatest love of all.

  자신을 사랑하는 법을 아는 것이 가장 위대한 사랑이다.

- We can only learn to love by loving.

  우리는 오로지 사랑을 함으로써 사랑을 배울 수 있다.

- **A friend is a second self.**
  친구는 제 2의 자신이다.

- **Experience is the best teacher.**
  경험이 최고의 스승이다.

- **God helps those who help themselves.**
  하늘은 스스로 돕는 자를 돕는다.

- **Do not do to others what angers you if done to you by others.**
  자신을 화나게 했던 행동을 다른 이에게 행하지 말라.

- **Stay hunger, stay foolish.**
  늘 갈망하고, 우직하게 나아가라.

- **Imagination is more important than knowledge.**
  지식보다 중요한 것은 상상력이다.

- **Every bean has its black.**
  모든 사람에게 결점이 있기 마련이다.

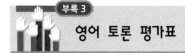

영어 토론 평가표

"영어 토론 평가표"에서 평가 요소를 참고하여 조금 더 효과적인 토론 면접을 이끌어내기 위해 노력해 봅시다.

▶ 영어 토론 면접 평가 요소

English fluency 영어 유창성	☐ Yes	☐ No	☐ Maybe
Listening skill 듣는 기술	☐ Yes	☐ No	☐ Maybe
Communication ability 의사소통 능력	☐ Yes	☐ No	☐ Maybe
Team skill 팀워크 기술	☐ Yes	☐ No	☐ Maybe
Pronunciation 발음	☐ Yes	☐ No	☐ Maybe
Attitude 태도	☐ Yes	☐ No	☐ Maybe
Eye contact and gesture 아이컨텍 & 제스처	☐ Yes	☐ No	☐ Maybe
Leadership 리더십	☐ Yes	☐ No	☐ Maybe
Analytical skill 분석력	☐ Yes	☐ No	☐ Maybe
Can you imagine the candidate as our staff? 이 지원자가 우리 회사에 적합한가?	☐ Yes	☐ No	☐ Maybe
Total 총 점수	☐ Yes	☐ No	☐ Maybe
Comments 총평			

저자 **권성애**

에어아라비아, 에미레이트항공 승무원을 거쳐 호텔 및 컨벤션 & 전시 관련 실무 경험을 쌓으면서 보다 넓고 다양한 세계를 보는 눈을 가지게 되었다. 대학 및 아카데미 취업 관련 강의를 하다 보니, 생각보다 많은 학생들이 영어 토론 면접에 어려움을 겪고 있는 것을 알게 되었다. 영어가 유창하지 않은 학생들도 이 책 하나로 영어 토론에 자신감을 가질 수 있도록 『영어 토론 면접 7일 전』을 출간하게 되었다. 저서로는 『스튜어디스 한 번에 합격하기』, 『나도 호텔리어가 될 수 있다』가 있다.

▸ **강의 분야**
　기업체 비즈니스 서비스 매너 및 아랍문화 특강
　국내외 항공사 영어 면접 및 이미지 메이킹
　외국 항공사 및 호텔리어 취업 컨설팅
　대학교 취업 특강 등

　http://blog.naver.com/bunnyyo

영어 토론 면접 7일 전

2014년 10월 25일 초판 1쇄 인쇄
2014년 10월 30일 초판 1쇄 발행

저자와의
합의하에
인지첩부
생략

지은이 권성애
펴낸이 진욱상 · 진성원
펴낸곳 백산출판사
교　정 김호철
본문디자인 박채린
표지디자인 권성미

등　록 1974년 1월 9일 제1-72호
주　소 서울시 성북구 정릉로 157(백산빌딩 4층)
전　화 02-914-1621/02-917-6240
팩　스 02-912-4438
이메일 editbsp@naver.com
홈페이지 www.ibaeksan.kr

ISBN 978-89-6183-811-5
값 13,000원